Jürgen Deck

Internet und Social Media für Handwerker

Warum das Handwerk und
kleine Unternehmen die Sozialen Medien
für sich entdecken müssen

Impressum und rechtliche Hinweise

Haftungsausschluss: Zweck dieses Buches ist es, Wissen zu vermitteln und zu unterhalten. Der Autor hat sich bei Recherche und Vorbereitung dieses Buches sehr viel Mühe gegeben. Für die Richtigkeit von Angaben und die aus der Lektüre eventuell resultierenden Folgen kann jedoch keine Gewähr übernommen werden. Es liegt in der Verantwortung des Lesers, sich vor der Umsetzung von im Buch beschriebenen Maßnahmen über die aktuelle Sachlage zu informieren und weiterführende Informationen einzuholen.

Diese Buch enthält Tipps und Links zu externen Webseiten Dritter, auf deren Inhalt wir keinen Einfluss haben. Für die Inhalte der verlinkten Seiten ist stets ausschließlich der jeweilige Anbieter verantwortlich.

Markennennungen: Facebook, XING, YouTube, Microsoft, Apple und andere sind eingetragene Markenzeichen. Im Text wird darauf nicht explizit hingewiesen.

ISBN-13: 978-1514107775
ISBN-10: 1514107775

1. Auflage Mai 2015

Jürgen Deck
Kirchstraße 28
76477 Elchesheim-Illingen

Mail: Jdeck@Planungsbuero-deck.de
www.juergen-deck.de
www.facebook.com/juergen.deck.1

Inhaltsverzeichnis

Einführung

Noch ein Buch über das Internet und die soziale Medien!

Davon gibt es ja wirklich schon einige. Die Menschheit hat auch sicherlich nicht darauf gewartet, dass auch ich jetzt noch meine persönliche Sicht (also mein Wissen und meine Erfahrungen) zu diesem Thema zum Besten gebe.

Ein Schreinermeister! Schreibt über das Internet!

Ich mache es trotzdem. Und ich denke aus gutem Grund.

Die meisten Bücher, die Du zu dem Themenfeld "Internet" und vor allem zu "Social Media" kaufen kannst, stammen von Leuten, die mit dem Internet groß geworden sind. Sie sind schon immer und tagtäglich darin unterwegs, quasi im Netz daheim.
"**Digital Natives**" eben.

Diese Fachleute betreiben gewöhnlich ein "digitales Business". Sie sind also damit befasst, im und **mit dem Internet Geld zu verdienen**.

Durch Affiliate-Marketing, durch Webinar-Serien, Online-Coachings, Video-Tutorials, Podcasts, Content-Marketing, Facebook-Fanseiten oder durch Blogs.

Ziel ist es, ein **passives Einkommen** zu generieren. Und deshalb schreiben diese Internet-Fachmenschen dann auch irgendwann ein Buch.
Meistens über - na, über was wohl: Über Internet-Marketing, Webinar-Serien…. s.o.

Mal ganz ehrlich unter uns Handwerkern: Sind Dir im letzten Absatz zumindest drei Begriffe aufgefallen, die nicht unbedingt Deinem normalen, täglichen Wortschatz entspringen?

Dann solltest Du dieses Buch unbedingt zu Ende lesen. Dann geht es Dir nämlich so, wie mir bis vor wenigen Monaten auch.

Als Handwerker arbeitest Du mit anderen Begriffen, und Dich beschäftigen anderen Themen. Du arbeitest mit Werkstoffen, Beschlägen und Oberflächenmaterial – Du kennst Dich aus mit technischen Vorschriften, mit Werkzeugen und Maschinen, und vor allem mit Menschen. Du kannst richtig gut (hoffentlich) **mit Mitarbeitern und Kunden umgehen**.

Die Welt (und es ist eine eigene Welt) von Facebook, Twitter, Xing und Pinterest ist nicht Deine Welt.

Und jetzt kommt von mir die erste wichtige Botschaft: Das ist NOCH NICHT Deine Welt. Es gibt nämlich nur eine Welt mit verschiedenen Sichtweisen darauf. Ignorieren und Wegducken gilt nicht mehr!

Ich will Dir in den nächsten Kapiteln zeigen, wie es Dir gelingen kann, beide Welten miteinander zu verbinden. Also die Welt der Dämmstoffe, der Leime und Farben, der Beschläge und Fliesenkleber mit der digitalen Welt des Internets und vor allem mit den "**sozialen Medien**".

Es wird für Dich zukünftig immer wichtiger werden, auch diese Welt zu kennen, die Nachteile und Risiken zu sehen und vor allem **die neuen Vorteile zu nutzen**.
Auch wenn Du momentan eher zu viel statt zu wenige Aufträge auf dem Schreibtisch liegen hast: Es gibt **mindestens zwei sehr interessante Gründe**, Dich auf diesem Gebiet schlau zu machen:

Du wirst mit der Zeit besser darin, nicht einfach **mehr Anfragen** zu bekommen - es geht dann darum, für **die richtigen Kunden** zu arbeiten! Wenn Du zehn Anfragen bekommst und nur sechs davon ausführen kannst, dann hast Du die Möglichkeit, Dir sympathische Kunden mit lukrativen Aufträgen **auszusuchen**.

Trotz aller Kampagnen der Handwerkskammer und Image-Broschüren auf Ausbildungsmessen: **Wenn Du auch in ein paar Jahren geeignete Auszubildende finden willst, dann geht das nicht mehr von alleine**. Sorge rechtzeitig dafür, dass die Bewerber **sich bei Dir** melden. Und nicht bei Deinem Kollegen. Du musst **die jungen Leute da abholen, wo sie sich rumtreiben**. Und wo ist dieser magische Ort? Der Ort von dem die Kids nur aufschauen wenn das WLAN zusammenbricht oder der Akku zur Neige geht?

Das Gleiche gilt natürlich **für erfahrene und einsatzfreudige Facharbeiter**. Also nicht das "Abhängen im Internet". Aber grundsätzlich wird sich ein Facharbeiter immer **öfter im Internet informieren**. Über den Ruf der Firma, die Kollegen und das Klima das im Betrieb herrscht. Gewinnen wird der, der nicht nur Arbeit und Geld bieten kann, sondern **einen lukrativen Arbeitsplatz** in einer angesagten Firma.

Und da komme ich mit diesem Werk ins Spiel.
Zuerst werde ich mich vorstellen, damit Du weißt, mit wem Du es zu tun hast.
Danach werde ich Dir etwas erzählen zum **Internet aus Handwerker-Sicht**. Zu den irren Veränderungen in den letzten Jahren und Monaten. Und wenn Du so lange durchgehalten hast, wirst Du von mir erfahren, **wie Du mit Deinem Geschäft darauf reagieren kannst**. Und musst!
Als Belohnung sozusagen.

Ich werde Dich mit dem nötigen Wissen versorgen, damit Du Dir **selbst eine Meinung bilden** kannst.
Nicht mehr aber auch nicht weniger.

Versprochen!

Es liegt in der Natur der Sache, dass ich hier auch über Dinge schreibe, die nicht für jeden Leser auf den ersten Blick **neues Wissen** darstellen. Die Entwicklung und die ersten Jahre des Internet sind oder waren für Viele, aber wahrlich nicht für Alle, ein Teil ihres täglichen Lebens

.

Für mich war es hier wichtig, die gegenwärtigen "Auswüchse" und Erscheinungen des Web nicht einfach isoliert zu betrachten. Vielmehr im Zusammenhang und **als Ergebnis einer langjährigen Entwicklung.**

Man bekommt einen anderen Zugang und ein Verständnis für aktuelle Themen, wenn man sich auch mal **hinter die Kulissen** und in einen anderen zeitlichen Kontext wagt.

Ich hoffe, dass es mir gelungen ist, ein gesellschaftlich sehr relevantes Thema auf eine leicht verständliche Ebene herunter zu brechen.
Mit einer einfachen Sprache, verständlichen Beispielen und **dem wertschätzenden "Du" als Anrede** wünsche ich mir, einen einigermaßen gut lesbaren Stil getroffen zu haben.

Ganz nach dem Motto: „Um seinen Durst zu stillen taugt auch eine leichte Weinschorle besser als ein gehaltvoller Spätburgunder".

Die genannten Beispiele und die kleinen Ausflüge in meine persönlichen Erfahrungen entstammen größtenteils meinem "Vorleben" als **Schreinermeister mit eigener Schreinerei**.
Selbstverständlich gäbe es analog dazu **für alle Handwerksbetriebe und kleinen Unternehmen spezielle Begriffe und Praxisbeispiele.**
Die Übertragung in das jeweilige, eigene handwerkliche Umfeld sollte nicht schwer fallen: Die Probleme und die möglichen Lösungen sind für uns Handwerker sicherlich ähnlich.

Ich wünsche Dir eine kurzweilige Zeit mit meinem Buch und am Ende viele Einsichten und eventuell eine neue Sicht auf Internet, Facebook und Co!

1. Über mich

Wie versprochen, will ich mich auf den nächsten Seiten etwas näher vorstellen.
Es tut dem "Lerneffekt" zum eigentlichen Thema keinen Abbruch, wenn Du dieses Kapitel überspringst und bei Teil 2 gleich ins Thema einsteigst.
Vielleicht kann der eine oder andere Leser allerdings auch etwas von meinen Erlebnissen der letzten drei Jahre für sich mitnehmen. Das Hamsterrad läuft bei vielen leider immer noch auf Hochtouren….

Mein Name ist Jürgen Deck.
Ich bin Baujahr 1962, also eindeutig kein junger, wilder Internet-Erklärer. Ich bin Schreinermeister, glücklich verheiratet, ein einigermaßen zuverlässiger Vater, Hobby-Musiker, und wohne im von der Sonne verwöhnten Baden.

Beruflicher Werdegang
Nach dem Abitur erlernte ich das Schreiner-Handwerk, wie zuvor mein Vater und davor dessen Vater - kommt das jemandem bekannt vor? - und, wie sagt man so schön: „Übernahm früh Verantwortung im väterlichen Betrieb“. Es war bald klar, dass ich die Firma weiterführen konnte, sollte und wollte, und so **legte ich 1988 in Karlsruhe die Meisterprüfung im Schreinerhandwerk ab**.

Wie bei vielen Kollegen wurde es auch bei uns am angestammten Platz im Wohngebiet bald zu eng, mehr Mitarbeiter, mehr Kunden, mehr Umsatz – was fehlte war einfach mehr Platz.

Im Jahr der Firmenübernahme, 1996, bauten und bezogen wir deshalb eine große, helle Produktionshalle im Gewerbegebiet. Für noch mehr Möglichkeiten und noch mehr Spaß am Schreinern!
So richtig groß, mit freistehendem Spänesilo, ultramoderner Späneheizung, computergesteuerter Späneabsaugung, schönen Sozialräumen, riesigem Büro. Mit den ganzen wichtigen, teuren Dingen.
Der Plan ging auf und die Firma entwickelte sich in den Folgejahren prächtig weiter.
Was macht ein Schreiner, wenn er etwas mehr Geld verdient?
Urlaub? Teure Geschäftswagen?
Nein!
Er investiert in ein Bearbeitungszentrum, eine Formatkreissäge mit digitaler 4-Achs-Steuerung und ähnliche, nützliche Spielereien! Wir Schreiner sind eben Technik-Liebhaber und einfach glücklich, wenn die Toleranzen noch besser, die Leimfugen noch perfekter und die Bearbeitungszeiten noch kürzer werden.
Wer glänzende Augen sehen will, besuche eine Messe mit den neuesten Maschinen und Materialien!
Auch wir sparten durch die Investitionen eine Menge Arbeitszeit.

Ergo: Schneller fertig = mehr Freizeit!
Scherz am Rande – natürlich mussten jetzt mehr Aufträge rangeschafft werden, damit das Bearbeitungszentrum und die Kantenanleimmaschine auch immer kräftig zu tun hatten. Die Mitarbeiter wurden geschult, die Software im Büro und die Steuerung in der Werkstatt lieferten sich ein Wettrennen, das Rad drehte sich immer schneller!

Ich benutze ungern abgedroschene Phrasen – aber hier passt das einfach zu perfekt: **Das Hamsterrad!** Das gibt es tatsächlich…
Immer schneller, immer vorwärts, mal Höhen, mal Tiefen aber immer schön in Bewegung bleiben. Es fühlte sich an wie **ein ständiges Weiterkommen**, aber leider drehte sich das schöne, schnelle Rad **immer an der gleichen Stelle**.
Ich könnte zu diesem Thema noch ein ganzes Buch schreiben (die Idee muss ich mir gleich aufschreiben), aber hier soll es dazu genug sein.
Wenn Du selbständiger Handwerksmeister mit Personal und anspruchsvollen Kunden bist, weißt Du auch so, von was ich spreche.
Und wenn nicht: Glückwunsch!

Der medizinische Aspekt
Bei mir kam zu dem Hamsterrad-Gerenne leider noch eine angeborene Bindegewebsschwäche an den Herzkranzgefäßen. Und auch darüber könnte ich viel erzählen…
Dem empfindlichen System "Mann in den besten Jahren" bekam das leider und vorhersehbar nicht besonders gut.
Ein erster Herzinfarkt kurz nach dem 50sten Geburtstag war wohl als Schuss vor den Bug gedacht. Der **zweite** ein paar Monate später dann ein Volltreffer mit absolutem Versenkungs-Potenzial.
Ich lernte schnell viel über Herzkranzgefäße, Stents, Pumpleistung, Myokardmasse, diletative Koronoropathie. Und dass eine mehrfache Wiederbelebung mit Defibrillator ungefähr 120 Euro kostet.
Perfektes Preis-Leistungsverhältnis, finde ich.

Was folgte waren Krankenhaus, eine Odyssee zu Fachärzten, Reha (ambulant – das Hamsterrad lief ja noch) und viele, tolle Medikamente. Mein Blutdruck, mein Cholesterinwert und vieles andere wurden perfekt eingestellt.
Apropos eingestellt: Um mich in der Firma zu entlasten und meine Schlagzahl etwas zu reduzieren, **stellte ich tatsächlich einen tatkräftigen Meister ein!** Super nett, super kompetent und sehr bemüht.
Aber eben nur bis 16:00 Uhr.

Komischerweise sind aber **die meisten Kundentermine am Abend und am Wochenende**, denn wer sich einen echten, guten Handwerker leisten kann, muss ja auch irgendwie arbeiten und das dafür nötige Kleingeld ranschaffen. Und zwar meist länger als bis 16:00 Uhr.
Gute Absicht – schlechtes Ergebnis: Mein Feierabend verschob sich noch mehr nach hinten, ich musste ja jetzt noch mehr Arbeit ran holen und Dinge vorbereiten. Damit "mein" Meister auch immer genug zu tun hatte.

Und wenn Du jetzt denkst: „Selber schuld – das kann auch besser laufen!" - dann hast Du sicher Recht.
Tat es aber nicht.

Mein Herz sagte mir dann nach ein paar weiteren Monaten deutlich, wo der Hammer hängt:
Es hatte genug von Stress und Rennerei, von Termindruck und dem Kämpfen um Aufträge, von zufriedenen und weniger zufriedenen Kunden, dem Ringen um Mitarbeiter-Zufriedenheit und Bankenglück.
Am zweiten Weihnachtsfeiertag konnte ich deshalb mal wieder die Einsatzbereitschaft von Notarzt und Rettungswagen testen. Ich wusste mit meinem profunden,

medizinischen Halbwissen mittlerweile, dass meine Zukunftsaussichten jetzt plötzlich komplett in fremden Händen lagen.
Die Zeit vom Infarkt bis auf den Kathetertisch in der Kardiologie war entscheidend. Entscheidend für meine Chancen, mir weiter Gedanken über das Leben und meine Zukunft machen zu können.

Es folgten ein heldenhafter Einsatz diverser Schutzengel und die gemeinsame Anstrengung gleich mehrerer Ärzte im Vincentius-Krankenhaus in Karlsruhe. (Vielen Dank dafür, auch im Namen meiner Familie).

So kam es, dass ich nach zweieinhalb Stunden mal wieder auf der Intensivstation und ein weiteres Mal **auf dieser Seite der Wirklichkeit** aufwachte.
Nun war allerdings wirklich Schicht im Schacht.

Die Konsequenz = Reißleine
Rein rechnerisch war ich jetzt nicht nur in der Verlängerung sondern schon in der Nachspielzeit. Das Spiel drohte nicht gut auszugehen. (Kleiner Hinweis an **alle Raucher und Cholesterin-Junkies** unter den Lesern: Die Wahrscheinlichkeit einen Herzinfarkt zu überleben beträgt etwa 50%... also pro Infarkt! Und wer auf ein berauschendes Nahtod-Erlebnis aus ist – da muss ich leider passen.
Kein helles, warmes Licht - nur schiere Angst und das Gefühl, den Kampf zu verlieren. Also: Viel Erfolg beim Entwöhnen! Eure Familie dankt es Euch...) Sorry, das musste als passionierter Nichtraucher jetzt einfach sein.

Vier Wochen nach dem Infarkt stand fest, dass ich aus irgendwelchen Gründen zu **Kammerflimmern** neige. Meine

Herzrückwand sieht mittlerweile aus wie die Rückseite des Mondes. Und hat auch in etwa die gleiche Pumpleistung.
Damit ich im Notfall nicht noch umständlich nach einem Arzt oder einer Defi-Station fragen muss, wurde mir ein super moderner Kardio-Defibrillator direkt eingebaut. Tolles Teil mit zwei Sonden bis in meine Herzkammern.
Die Folge: eine fast unmerkliche Ausbeulung über der Brust und 60 Punkte Schwerbehinderung auf einer Skala von 0 – 100. Und eine Sonderbehandlung beim Sicherheitscheck am Flughafen, aber das war's nicht wert.

Der Neustart

Und dann ging's plötzlich ganz schnell:
Wenn **Plan A** (Schreiner, Unternehmer mit 65-Stunden-Woche, Arbeitgeber und Hans-Dampf-in-allen-Gassen) nicht wirklich gut funktionierte und mich immer mal wieder fast abnibbeln ließ, dann musste schnell **Plan B** her. Der lag zwar nicht wirklich in der Schublade aber eigentlich auf der Hand!
Innerhalb von vier Monaten waren Gebäude, Maschinen und Grundstück verkauft. Alle Mitarbeiter wurden sehr gut bei befreundeten Kollegen untergebracht, da lohnten sich der gute Ruf der Firma und die guten Kontakte.

Das neue Leben

Für mich hatte meine Frau noch während meiner Reha daheim ein leerstehendes Zimmer in ein wunderschönes Büro umbauen lassen.
Endlich hatte ich die Zeit und die Umgebung, die meine Gesundheit und mein Körper die ganzen Jahre schon gebraucht und wohl auch gefordert hatten.

Im Sommer meldete ich ein neues Gewerbe an, ein reines Planungsbüro. **Eine Ein-Mann-Firma! Als Solopreneur!**
Ich bin jetzt **zum ersten Mal wirklich "selbständig"**, d.h. ich kann meine Arbeitszeit und vor allem mein Arbeitspensum selbst bestimmen.
Zwar alles selbst – aber nicht mehr ständig.
Der Tag beginnt mit einem herz- und gelenkschonenden Trab auf dem Laufband und endet, wenn mich am Abend die Schaffenslust verlässt.

Es fühlt sich alles gesund und richtig an, und ich mache wirklich das Beste aus der miesen Ausgangslage. Für ehemalige Kollegen zaubere ich schöne Visualisierungen, 3-D-Zeichnungen und Panoramen. Etwas Nützliches, was ich seit Jahren schon in der eigenen Firma gut und vor allem gerne gemacht hatte.

So viel zu meiner "Lebensgeschichte" – ich hoffe, es war nicht zu ausführlich. Die Erfahrung mit meiner Berufsunfähigkeits-Versicherung habe ich bewusst ausgelassen – das würde ein eigenes, aufregendes Kapitel füllen.
Ich habe in diesem Punkt jedenfalls gewonnen, an Lebenserfahrung und Gott-sei-Dank auch an Renten-Einkommen.

2. Das Internet 1.0

So langsam nähern wir uns dem eigentlichen Thema!
In Teil 3 wird es dann so richtig spannend, wenn ich vom **Internet 2.0** erzähle.
Warum solltest Du also dieses Kapitel lesen, wenn es erst später richtig zur Sache geht?

Weil Du auch einen Krimi nicht genießen kannst, wenn Du nur die letzten Seiten liest.
Oder schaltest Du den Fernseher sonntags um 21:30 Uhr ein, um die letzten Minuten des "Tatort" zu schauen?
Siehst Du! Macht keinen Sinn, und **deshalb fange ich die Story auch vorne an**. Auch wenn es am Ende erst so richtig dramatisch wird.

Deshalb: Tapfer weiterlesen! Ich schreibe also zuerst über die Entwicklung des Internet und dann über die neue Welt der sozialen Medien.

Weil es einfach Sinn macht, den ganzen Zusammenhang zu sehen.

Gab es ein Leben vor dem Internet?
Womit wir beim ersten Punkt wären:

Erinnerst Du Dich noch an eine Zeit ohne das Internet?
Ich rede jetzt nicht von Smartphones, nicht vom Navi im Auto oder von Kindern die man erst ansprechen kann, wenn man den Stecker zieht. Das kam erst viel später.
Wenn Du alt genug bist, kannst Du Dich noch erinnern an eine Zeit, als man bis 20:00 Uhr auf die **Tagesschau** wartete. Beim Frühstück konnte man in der **Zeitung** noch tatsächlich etwas Neues erfahren.
Wenn man etwas nicht wusste, fragte man echte MENSCHEN und nicht Google.

Um mit einer Person etwas zu besprechen, konnte man sich entweder
A.: Zu dem Menschen **hinbewegen und ihn ansprechen**, oder
B.: **Ihn oder sie anrufen**.
Per Telefon. Das funktionierte, wenn der- oder diejenige zuhause war. Und nicht gerade telefonierte.
Wenn im Haushalt eine Tochter im Alter zwischen 11 und 19 wohnte, dann blieb deshalb in der Regel nur Variante A., die mit dem Hinbewegen.

Es gab Kinder, die nach den Hausaufgaben (die noch ohne Wikipedia und programmierbare Taschenrechner erledigt wurden) raus gingen! Also so richtig raus aus der Wohnung – zu echten Freunden!
Man traf sich im RL also Real Life, (was damals noch gar nicht erfunden war) und diskutierte, spielte, verliebte sich im echten, wirklichen Leben. Wer dabei war, war dabei – wer

krank war, Hausarrest hatte oder einfach kein Bock, der war nicht dabei.
Basta.

Life war live, oder gar nicht.

Unvorstellbar für alle nach 1990 geborenen "User" dieser Welt!
Heute, nur wenige Jahre später, kann man kleinen Kindern vor dem Einschlafen aus dieser Zeit erzählen und man beginnt: „Es war einmal…“
Wenn man in Urlaub fuhr oder nur über ein Wochenende zu Verwandten, dann war man weg! Also komplett weg!
Über Tage wussten nicht einmal engste Freunde und Verwandte, wie es einem ging, was man zum Frühstück und Mittagessen hatte oder ob es beim Hund mit dem Pinkeln wieder klappte. War man wieder zuhause, konnte man entsprechend viel erzählen – aber meistens hatte das ja schon damals nicht so viele Leute wirklich interessiert.

Eine Firma ohne Internet
In der Firma kannte mein Vater alle Telefonnummer von Lieferanten und den wichtigsten Kunden auswendig.
Zahlen, Maße und Preise wurden auch schon gespeichert – aber direkt hinter der Stirn und nicht in der Cloud. Man brauchte kein Passwort um an eine Information zu kommen – man fragte den Chef oder schlug ein Buch auf.

Kunden kamen persönlich zu einem Gespräch vorbei, das Angebot wurde auf der Schreibmaschine getippt und per Post (POST!!) verschickt. So im Kuvert, mit Briefmarke drauf, man konnte ja nicht auf die Erfindung der E-Mail warten.

Das Leben war etwas langsamer, der Aktions- und Wissenshorizont viel kleiner.
War das damals langweiliger?

Waren wir ohne die Informationsflut und das ständige Wissen um Alles und Jedes unglücklicher? Hatten wir der Entwicklung des Internets also entgegen gefiebert?
Oder die unglaublichen Umwälzungen die noch kommen sollten etwa herbei gesehnt?
Ich denke nicht.

Das Leben war überschaubarer, die Meinungen und Informationen prasselten nicht von allen Seiten auf einen ein, und es hätte eigentlich ganz locker so weiter gehen können.

Die Anfänge – Computer verbinden sich
Aber es kam anders. Ganz anders als man vermutet hatte.
Nicht so spektakulär wie der Fall der Mauer und die Wiedervereinigung. Nicht so viel diskutiert wie die Einführung einer gemeinsamen Währung oder der "Grüne Punkt". Nicht so gefeiert wie der Siegeszug der CD oder der Hype um die ersten mobilen Funktelefone.

Viel schleichender und anfangs unbemerkt geschah etwas viel mächtigeres…
In den 90ern verbreiteten sich nicht nur gebrauchsfähige "Personal Computer" und die ersten sinnvollen Benutzer-Oberflächen wie Windows 95 oder Mac OS auf dem Apple Macintosh.

Es geschah etwas Magisches: **Die Rechner auf der Welt begannen sich zu vernetzen!**

Was in den 60er Jahren als militärisches Projekt in den USA begann, wurde Ende der 80er Jahre vom Europäischen Nuklear-Forschungszentrum CERN in der Schweiz salonfähig gemacht. Man einigte sich – weltweit - **auf einheitliche Übertragungs-Protokolle**, wie das bekannte http:// und **auf klare Regeln für die Adressierung** von Computern!

Das World Wide Web, kurz www war geboren.

Jetzt konnte jeder, der einen Rechner und eine Telefonleitung hatte, **Teil einer großen Bewegung werden!**

Das Internet 1.0: Kein Zug – eine Lawine!

Und was machte das mit den kleinen und großen Baufirmen, Schreinereien, Friseuren, Malern, Stuckateuren, Kfz-Werkstätten, also mit Handwerksbetrieben und kleinen Läden?

Zuerst einmal gar nichts.

Das Internet war weit weg – nach den ernüchternden Erfahrungen mit dem deutschen Bildschirmtext-Flop wollte man nicht schon wieder auf einen neuen Zug aufspringen.

Der Zug war aber gar kein Zug, sondern eine Lawine!

Innerhalb von wenigen Jahren verbreitete sich das Internet in alle Bereiche. Die Medien, die Wirtschaft, die Privathaushalte, die Bildung, der Sport – was nicht (auch) im Internet stattfand, war bis zum Ende der 90er-Jahre einfach nicht mehr vorhanden. Keine Werbung ohne das magische: „Besuchen Sie uns im Internet!" Keine Anzeige, kein TV-

Spot ohne das „weitere Infos unter: www.wir-sind-die-besten.de".
Erinnert sich noch jemand an diese Goldgräberzeit des Internet? Kennst Du noch den "**Netscape-Navigator**" und die Suchmaschine "**AltaVista**"? Dann bist du schon eine Weile dabei.

Paradies oder Haifischbecken
Das Internet war nicht das Paradies, sondern für viele Firmen und Entwicklungen **eher ein Haifischbecken**.

Beispiel gefällig?
Ausgerechnet **Microsoft** hatte die Entwicklung komplett verpennt! Bill Gates hatte wohl einen kleinen Moment nicht aufgepasst und vielleicht mal ein Buch gelesen oder einfach den Rasen hinter seiner Villa gemäht. Und schon war es passiert! Der Web-Browser (also das Programm, mit dem Du ins Internet kommst) "**Internet-Explorer**" von Microsoft hatte einen Marktanteil **von unter 3%**, der Konkurrent Netscape war mit seinem "**Navigator**" bei schlaffen 90%...
Nachdem der Software-Gigant (tolles Wort, so wie: Rekordmeister für einen bestimmten Fußball-Club aus Bayern) ausgeschlafen hatte, dauerte es allerdings nicht lange! Keine sechs Jahre später war Netscape von der Bildfläche verschwunden: **Microsoft hatte jetzt einen Marktanteil von 95%...**

Soviel zur Dynamik, die in den neunziger Jahren in dem Ganzen steckte. **Wer gut war, für den explodierte alles - wer einen Fehler machte, der war raus.**

Wer nicht wirbt stirbt! Und wer keine Homepage hatte, versank in der Anonymität! Auch blöd.

Hurra – die erste eigene Homepage!
Also bastelten sich um die Jahrtausendwende alle Firmen eigene Internet-Auftritte. Das heißt: Sie ließen basteln, denn ohne "Wordpress" und "Typo 3" war das noch richtig harte Arbeit!
Man musste programmieren – man musste fließend html und andere komische Sprachen "sprechen". Das Erstellen einer Website war aufwändig und sauteuer! Was dazu führte, dass man eine Seite vom Werbe-Profi-Fuzzi erstellen ließ, und die kam dann "ins Internet".

Ganz so, als hätte man sich für teuer Geld ein Firmen-Gemälde malen lassen.

Und das wurde dann **ganz stolz ins Schaufenster gestellt.**
Sieht gut aus!
Man erfährt etwas über die Firma, jeder kann sehen, dass wir modern, aufgeschlossen und sowieso die Besten sind. Weltweit! Hurra!
Endlich im Internet!

In unserer Firma waren wir seit 1999 dabei – super fortschrittlich für eine 5-Mann-Klitsche und auch von einem richtigen Profi programmiert. Mit Firmen-Porträt, Leistungskatalog, Bildern, Referenzen und Impressum – das ganze Programm. **Unser Gemälde im Schaufenster!**

Aber was passierte mit dem schönen Bild, mit unserer "**Visitenkarte im Netz**"?
Drängten sich die virtuellen Passanten vor unserem virtuellen Schaufenster und drückten sich die virtuellen

Nasen platt, um unsere schöne Website zu genießen und zu bewundern?
Rannten sie uns die Bude ein und erstickten uns mit Aufträgen?
Nö – das gerade taten sie nicht.

Sie machten das, was Passanten für gewöhnlich mit Schaufenstern tun: **Sie liefen daran vorbei**!
Die Menschen waren ja nicht blöder geworden und merkten schnell, was im Internet interessant und lohnend war, und was einfach nur ein Werbeplakat. Mit den gleichen Bildern und Texten wie auf Millionen anderen Plakaten auch. Uninteressant, doof, langweilig…
Ganz schön blöd für die vielen kleinen Handwerker, mit ihren öden, teuren Web-Seiten: Ein Plakat hinter der Bushaltestelle wird wenigstens von einigen wartenden Leuten wahrgenommen, weil sie nun mal da stehen und das Plakat nun mal da hängt.
Aber die Internetseite: Da muss man entweder beim Surfen drüber stolpern oder man muss die komplette www.meine-super-tolle-Schreinerei.de Adresse in einen Browser hacken.
Und wer macht das aus Versehen? Niemand freiwillig!

Wer machte das überhaupt? Du und Deine Freunde, um sich an der tollen Seite zu erfreuen, oder Deine Kollegen, um zu checken, wer den besseren Auftritt hat. Die öden Besucherzähler und die vergilbten "Gästebücher" berichten bis heute davon.

Die Ernüchterung: Kein Schwein schaut vorbei

Erste Erkenntnis aus diesem Buch: Die Websites mit der Anmutung des Ölschinkens im Schaufenster und der Ausstrahlung eines in die Jahre gekommenen Prospekts

waren schon immer für den Allerwertesten, sorry, also für die Katz'!
Glaub' es oder lass' es bleiben – unzählige Untersuchungen und der eigene, gesunde Menschenverstand sind sich hier ausnahmsweise einig: Die Seiten bringen KEINEN EINZIGEN KUNDEN, zumindest keinen neuen.
Sorry, isso!

War dieses frühe Internet 1.0 für Handwerker und Kleinbetriebe also komplett für die Tonne?
Nein, natürlich nicht!
O.k., das Projekt mit der eigenen Homepage war jetzt wirklich nicht der Brüller, aber es gab ja noch viel mehr!

Es gab aber auch: Die Vorteile!
Der Datenaustausch verlegte sich schnell **vom Fax auf E-Mail**. Eine Mail-Anschrift auf der Visitenkarte war hipp und zeigte, dass man "dabei war". In den Anfängen musste man sein Mail-Gegenüber zwar noch anrufen, um sicher zu stellen, dass die Mail auch gelesen wurde. (und wenn man Glück hatte, war kein Teenager im Haushalt). Heute nicht mehr vorstellbar, aber man schaute damals nicht jeden Tag in seinen "elektronischen Briefkasten".
Im Jahr 1999 erwarb ich meine erste **digitale Kamera**. Speicherkarte: 8MB (nicht GB!) Seit dieser Zeit war es auch möglich, **Fotos per Mail** an Kunden oder Lieferanten zu schicken.

Was war noch möglich?
Informationen suchen! Ob Google, AltaVista oder einer andere Suchmaschine, die heute niemand mehr kennt – plötzlich kam man in Sekunden an Informationen ran, die noch ein paar Jahre zuvor unerreichbar waren.

Wie ist das Wetter in Hong Kong? Was läuft gerade im TV im australischen Outback, wer steht auf Platz 1 der Pop-Charts in England?
Das Meiste war nicht wirklich notwendig zu wissen, aber immerhin: Man konnte es herausfinden.

Unzählige Streitfragen wurden in Minuten aus der Welt geschafft. Man konnte, ohne den alten Brockhaus zu bemühen, jede Hauptstadt der Welt benennen oder klären, wer im Jahr 1956 Trainer von Borussia Dortmund war. (Es war Helmut Schneider).

Die Zusammenarbeit wurde nicht nur im Geschäftsleben einfacher. Wer in einem Verein oder einer anderen Vereinigung ehrenamtlich mitmischte, kann ein Loblied darüber singen. Ein Leben ohne Excel-Tabellen und Word-Dokumente? Schier nicht mehr vorstellbar. Alles flog als Preislisten, Übersichten, Protokolle etc. "über das Internet" hin- und her.
Dank Internet wurde Vieles einfach einfacher! Wo man früher Fotokopien anfertigte und an Teilnehmer verteilte, setzte man einfach "**auf Cc.**" und so waren auf einen Schlag viele Leute auf dem gleichen Stand. Nach dem Jour-Fix auf der Baustelle war das Protokoll schon auf dem Schreibtisch, während man selber noch auf dem Weg ins Büro war.

Das Internet wurde schneller – viel schneller. Die Computer wurden noch schneller schneller. Preise für Speicher gingen nach unten, Bandbreite nach oben.
Und zwar beides im Schweinsgalopp.

Plötzlich (eigentlich allmählich, aber es fühlte sich immer plötzlich an) konnte man die fetten Kataloge im Regal lassen, weil man alles "runterladen" konnte! Lieferanten packten ihre Produktseiten ins Netz, Anleitungen, Montagevideos, Kundenprospekte... was vorher Papier war, kam jetzt per "Download". Schnell, billig, und vor allem: Aktuell!

Hallo Leser – noch dabei? Bei meinem unvollständigen, sentimentalen Rückblick auf eine Zeit, die, in Jahren gemessen, noch gar nicht so lange zurückliegt?

Hier die Erkenntnisse von Teil 2:

Das **Internet 1.0** entwickelte sich ab ca. 1993 rasend schnell und **durchdrang bald alle Lebensbereiche**.

Die ersten, **statischen Homepages** der allermeisten Firmen, vor allem der kleinen Handwerks- und Dienstleistungsfirmen, waren **schön aber extrem nutzlos**.

Die neuen Möglichkeiten waren kaum zu überblicken und täglich kamen neue dazu. Und vieles davon wollen wir heute nicht mehr missen.

3. Das Internet 2.0

Und dann passierte es! Ohne Vorwarnung! Und alle waren erschüttert und fragten sich, wie es so weit kommen konnte…
Quatsch – so läuft das nicht mit technischen Entwicklungen! Da gibt es keinen großen Knall und auch keinen Stichtag.

Auf der Insel
Ein kleines Gedanken-Experiment:
Stell Dir vor, Du hättest Dich **im Jahr 2006**, so kurz nach der Neujahrsfeier, auf die berühmte "**einsame Insel**" zurückgezogen. Du hättest es Dir **bis gestern Nachmittag** da gut gehen lassen, so mit Kokosnüssen, frischem Fisch und jeder Menge E-Books gegen Langeweile. (Scherz – das mit den E-Books lassen wir mal weg, die gab's damals ja noch nicht so richtig.)
Du hättest vor Deinem Verschwinden das Internet schon gekannt, hättest vielleicht sogar eine eigene Website betrieben. Google und Internet Explorer waren damals ja schon bekannt und die ganze Sache gerade richtig am Boomen.

Und trotzdem: Wenn Du heute plötzlich wieder hier wärst: Du wärst geschockt!

Das "**Neue Internet**", das "**Internet 2.0**" wurde nicht zu einem bestimmten Stichtag eröffnet oder eingeführt.
Es gab weder eine Ankündigung noch eine Gebrauchsanweisung dafür.

Aber Du würdest ziemlich schnell erkennen, dass sich Grundlegendes geändert hat.

Von Produzenten und Konsumenten

Hier der Versuch einer Erklärung:
Das "alte", erste Internet war ein Netz der "**Produzenten**" und der "**Konsumenten**" – und zwar schön getrennt und geordnet.
Wer eine Information auf eine Website oder auf einem Kanal ins Netz stellte, der war ein "Produzent". Alle anderen waren die "Konsumenten". Ganz schlicht, ganz einfach.
Natürlich konnte man vormittags als Produzent ein Foto auf seine Website stellen und dann abends als Konsument nach dem TV-Programm googeln. **Aber man war immer das eine oder das andere**. Ent oder weder.

Was bedeutete das für uns als Handwerker?

Wir konnten als Werbemaßnahme eine Information auf unsere Homepage einstellen (Produzent) und hoffen, dass einige Kunden (Konsumenten), diese Information dann fanden und uns die Bude einrannten.
Die Botschaften konnte man auf der Website schön mit sogenannten **Tags oder Keywords** versehen (Schlüsselworte), und einigermaßen sicher sein, dass der Kunde nach diesen Begriffen irgendwann suchte. Und dann vorbeischaute.
Google war ja noch so einfach…

Einfaches System – leicht zu kapieren.

Was daraus entstand, und was sich bis heute immer noch mehr verfestigt ist **eine komplett andere Welt**:

Von Prosumenten, Datenautobahnen und Spielwiesen

Die klassische Einteilung in Sender und Empfänger gibt es nicht mehr!
Die allermeisten Menschen nutzen das Internet **viel intensiver als früher und auch komplett anders**.
Das Internet war anfangs eine Einbahnstraße, entwickelte sich zur "Datenautobahn" und man konnte davon ausgehen, dass sich ein richtig fettes "Autobahnnetz" daraus entwickelt würde.
Hat sich aber nicht.

Herausgekommen ist keine breitere Straße, sondern eine **unendlich große Spielwiese**!
Um es bildlich darzustellen: Anfangs gab es einen Pfad, daraus wurde ein Feldweg, daraus dann eine kleine Straße... Daten flossen in die eine und in die andere Richtung.
Man wusste immer, ob man gerade etwas produzierte oder etwas konsumierte.
Diese kleine Straße wurde aber nicht zu einer größeren Straße. Sie mündete, um im Bild zu bleiben, in ein großes Fußballfeld. Eher in eine unendliche Folge von neben- und über- und untereinander liegender Fußballfelder.

Und wenn es ganz am Anfang noch so etwas wie Mannschaften, Trainer und sogar Schiedsrichter gegeben hatte – die sind schon längst in der Kabine verschwunden.
Vor uns liegt eine Spielwiese, **wo jeder mit jedem spielen kann**. Wo jeder sichtbar ist und meist gar nicht weiß, ob er gerade mehr Daten von sich preisgibt oder mehr Informationen empfängt. Willkommen in der schönen, neuen Welt!

Verstehst Du was passiert ist?

Parallel zur Entwicklung von Rechenleistung und Bandbreite, entwickelten sich auch neuartige "Plattformen" also Programme, Firmen und Systeme.
Kleine Firmen entwickelten Anwendungen und Werkzeuge für die neuen Möglichkeiten. Und wurden dadurch reich und berühmt.

Und das schneller, als ein Automobil-Hersteller alleine für die Entwicklung eines neues Außenspiegels benötigte.

Die neuen Global Player, von 0 auf 100 im Handumdrehen
Ich will hier keine Liste der Superlative anlegen, aber einige Zahlen sprechen wohl für sich:

Beispiel YouTube:
Diese **Video-Plattform** erlaubt es allen Menschen, Videos ins Netz zu stellen, und damit weltweit verfügbar zu machen. Komische Idee... Wer sollte ein Interesse daran haben, kleine Filme zu machen und die dann kostenlos an die Menschheit zu verschenken?
Kann das funktionieren?
Der Dienst wurde im **Februar 2005** von drei cleveren Jungs in Kalifornien gegründet. Schon im **Oktober 2006** wurde die Firma **von Google übernommen**. Für **1,31 Mrd. Dollar**! Das sind 1.310.000.000 Dollar – die drei Jungs waren also wohl ziemlich clever...
Heute, 2015, hat YouTube **mehr als 1 Milliarde Nutzer**, pro Minute werden 300 Stunden Videomaterial hochgeladen. Täglich werden Videos in einer Gesamtdauer von mehreren 100 Millionen Stunden wiedergegeben. **Das Wachstum: immer noch mehr als 50% im Jahr...**

Beispiel Facebook:
Der Student **Mark Zuckerberg** gründete 2004 zusammen mit drei Kollegen **das Soziale Netzwerk "Facebook"**. Es wurde plötzlich möglich, „*mit Menschen in Deinem Leben in Verbindung zu treten und Inhalte mit diesen zu teilen*“. Quelle: Facebook.
Was daraus entstand, ist wohl allgemein bekannt: Stand heute hat das **Facebook-Netzwerk mehr als 1,3 Milliarden Mitglieder**! Alleine in Deutschland kann man sich mit ungefähr 30 Millionen Menschen persönlich vernetzen und "befreunden". Direkt nach Google ist Facebook das am meisten benutzte Internet-Portal in Deutschland.
Mehr als die Hälfte ihrer Online-Zeit verbringen die Menschen "auf Facebook".
Ich könnte diese Liste jetzt noch fast endlos fortschreiben, und über Xing, LinkedIn, Flickr oder Pinterest etwas Schlaues sagen.
Mache ich aber nicht. **Also an dieser Stelle noch nicht**.
Das kommt aber noch, denn das darum geht es ganz speziell in den weiteren Kapiteln.

Das Internet ist keine Einbahnstraße mehr
Es ist Dir sicher schon klar, worauf ich hinaus will: Das Internet ist seit einigen Jahren **keine Einbahnstraße** mehr.
Wir haben vielmehr einen Jahrmarkt und Tummelplatz für Informationen, Eitelkeiten, Daten und Lerninhalten.
Und natürlich für echt abgefahrene Katzenvideos.

Dass nicht alle Menschen immer korrekt angezogen sind und auch mal Sachen machen, die man früher eher nicht so direkt in der Öffentlichkeit unternommen hätte, ist ein ganz anderes Thema.

Was hat zu diesem ganzen Spektakel mit dem Internet beigetragen und was sind die sichtbaren Folgen?

Was hat dazu beigetragen?

Ein ganz wichtiger Meilenstein (tolles Wort) für diese Entwicklung war natürlich die Verbreitung von **Smartphones**. Wer heute kein Mobiltelefon mit Internet-Zugang in der Hosen- oder Jackentasche trägt, der ist out

Die Rechenleistung eines einzigen, durchschnittlichen Smartphones ist größer als das, was die NASA beim Apollo-Programm **insgesamt** zur Verfügung hatte.

Bereits die Mehrheit der 11-jährigen lebt in enger Symbiose mit einem Smartphone. Und gleichzeitig wundert sich niemand mehr, wenn ein betagter Rentner unterwegs seine Mails checkt.

Das Internet hat sich vom Computer gelöst und findet jetzt überall und immer statt!

Wetterbericht, Fußball-Zwischenstände, Kinoprogramm, Busfahrpläne… alles immer parat, immer aktuell und immer kostenlos.

Für alle Lebenslagen gibt es die passende App (Applikation) zum Runterladen.

Für das IPhone sind mittlerweile **schon deutlich über 1.000.000 Apps verfügbar**, für Android mehr als 800.000. Mit der richtigen Fitness- Business- Lifestyle- Bildungs- und wer-weiß-was-noch-alles-App bekommt jeder sein Leben in den Griff.

Jedem Depp seine App!

Der Computer lässt den Schreibtisch hinter sich

Eine zweite wichtige Erfindung, und diesmal war es wirklich eine echte Erfindung, verdanken wir dem visionären **Steve Jobs**.

Er war die treibende Kraft bei der Firma **Apple**, die 2010 das **iPad** auf dem Markt brachte. Mit diesem ersten funktionierenden **Tablet-Computer**, wurde das Internet plötzlich vom Rechner auf den Esstisch verlagert.

Und vor allem auf die Couch. Wer keine Lust hat, abends nochmal an den Computer zu sitzen und das träge Windows hochzufahren, der klappt sein schlaues Tablet auf. Innerhalb von Sekunden bist Du "drin" und kannst kurz noch Deine Mails checken. Oder die Welt retten!

Ziemlich beste Idee das Ganze – und hat Apple auch zu einem der reichsten Firmen der Welt gemacht.... Natürlich gibt es in der Zwischenzeit auch ganz brauchbare Tablet-Computer von anderen Herstellern, dies sei der Ordnung halber erwähnt.

Zurück von der Insel

Was würde Dir nach Deiner Insel-Auszeit noch sofort ins Auge springen?

Die Menschen sind nicht einfach "im Internet" – sie sind plötzlich alle miteinander vernetzt! Sozusagen unsichtbar miteinander verbunden.

Wenn es früher hieß: „Wo Du nicht bist, kann ich nicht sein…“, dann heißt es heute: „Egal wo Du bist – ich bin auch da!“

Die Auswirkung der neuen Messenger-Apps, wie WhatsApp oder Viber sind irgendwie phänomenal und gleichzeitig beängstigend. Vor allem Kinder und Jugendliche sind

eigentlich **nie irgendwo RICHTIG.** Zwar körperlich anwesend, aber gleichzeitig mit allem und jedem verbunden. Also per Smartphone doch wieder weit weg.
An der Bushaltestelle oder in der Straßenbahn – überall das gleiche Bild von Menschen, die auf ein Display starren und darauf herumtippen oder wischen.

Überhaupt das Wischen.
Babys werden heute in eine Wisch-Gesellschaft geboren – bevor sie laufen lernen, können sie ein Display bedienen, zoomen, zur nächsten Seite "wischen" und Katzenvideos schauen. Ich habe mal einen Dreijährigen beobachtet, der versucht hat, eine gedruckte Zeitungsseite mit zwei Fingern größer zu zoomen..
Per Video und Selfie, mit Textnachrichten oder per Gruppenchat – die Menschen leben heute anders. Jeder tanzt auf fünf Hochzeiten gleichzeitig und merkt nicht, dass er oder sie eigentlich **auf keiner Hochzeit wirklich, richtig dabei ist**.
Ich habe schon Paare im Restaurant beobachtet, die sich gegenübersitzen und jeweils ihren kleinen Bildschirm bedienen. Wortlos und eigentlich gar nicht da.
Grauenhaft und unheimlich.

Unwissenheit und Datenschutz
Je mehr Wissen über das Netz jedem überall zur Verfügung steht – umso unwissender werden die Menschen. Könnte man meinen.
Ich halte es für unwahrscheinlich, dass die nächste Generation ohne Navi aus 15km Entfernung jemals nach Hause finden wird.
Wenn man weiß, dass es auf alle Fragen innerhalb von Sekunden Antworten vom Smartphone gibt, lohnt es sich

dann überhaupt noch, Dinge wirklich zu lernen und sich zu merken?
Jahreszahlen, Gedichte, geschichtliche Vorgänge, chemische Formeln… hoffentlich sehe ich in der Beziehung etwas zu schwarz.

Es wäre sehr schade, wenn der Kopf wirklich nur noch zum Nachplappern da wäre, und damit es nicht in den Hals regnet.

Was noch zu den ganzen Auswüchsen des Internet 2.0 dazu gehört und unbedingt angesprochen werden muss: **Noch nie sind Menschen so offenherzig und naiv mit ihren Daten und persönlichen Informationen umgegangen**.
Jeder beschwert sich über **mangelnden Datenschutz** und fordert seine Privatsphäre – und postet dann gleich anschließend Fotos von sich, seinen Kindern und seinen Hobbies. Samt Aufenthaltsort und Gefühlsstatus. Gesundheitsdaten und seelisches Befinden werden gleich mitgeliefert. Diese Daten werden natürlich von Unternehmen fleißig und nicht ganz uneigennützig gesammelt.

Der "User" wird gläsern und sichtbar.
Wer zweimal im Internet nach einem Baby-Lätzchen sucht, muss sich nicht wundern, wenn in den nächsten Tagen sein Briefkasten überquillt mit Werbung für Baby-Taschen, Baby-Nahrung und Baby-Spielsachen. Wahrscheinlich sogar für Babys selber oder eine Anleitung zur Leihmutterschaft usw.

Ich habe gerade gestern Spezial-Batterien für die Hörgeräte meines Vaters im Internet bestellt – schön, dass ich heute

schon verschiedene Angebote für Hörgeräte, Hörtests und diverse senioren-taugliche Sachen im Spamfilter hatte.
System kapiert?
Die einen nennen es "**Datenkrake**" und "Handel mit Informationen" – die anderen sehen einen Vorteil darin. Dem Sportler wird dann eben **eher eine Puls-Uhr** angeboten als ein **Treppenlift** – und eigentlich hat er ja auch mehr davon. Und der Anbieter natürlich auch.

Die andere Seite: Das Leben kann so einfach sein
So – die eher negativen und unheimlichen Auswüchse des "neuen" Internet haben wir jetzt zumindest gestreift. Wer mit offenen Augen durch das Leben läuft (oder mal kurz vom Display aufblickt) versteht sicher, was gemeint ist.
Aber alles hat ja bekanntlich mindestens zwei Seiten.

Durch die neuen Möglichkeiten wird auch vieles einfacher! Einzelne Informationen werden an Gruppen (z.B. an den Klarinettensatz im Orchester, an Mitarbeiter in der Montage, an die Mädelsclique usw.) ganz gezielt und innerhalb von Sekunden weitergegeben. **Es bilden sich Netzwerke mit gleichen Interessen und Zielen.**
Das Organisieren ist für alle viel einfacher und transparenter geworden. Die Informationen können viel gezielter verteilt werden. Dinge die mich nichts angehen, muss ich nicht aussortieren - diese Botschaften erreichen mich nämlich nicht mehr.
Die Mobiltelefone, die leider viel echte Kommunikation verdrängen, haben aber auch ganz praktische Eigenschaften:
Ich habe mich schon dabei ertappt, zu meinem Handy zu sagen: „Schreibe meiner Frau, dass ich eine halbe Stunde später zum Essen komme!“, „Erinnere mich daran, dass ich XY anrufe, wenn ich wieder im Büro bin!“, „Trage mir den

Friseurtermin in meinen Kalender ein und erinnere mich 2 Stunden vorher daran!".
Tja, mein Telefon weiß, wer meine Frau ist und schickt ihr eine Textnachricht.
Und es merkt dank GPS, wenn ich in mein Home-Office einlaufe. Meine Termine sind eh im Kalender online hinterlegt und so muss ich weniger denken. Und bekomme weniger Ärger mit meiner Frau.
Und bin rechtzeitig beim Friseur.

Weltweit verbunden

Eine typische Szene bei unserem jüngsten Sohn: Er steht abends in der Küche und kocht. Das hätte auch in unserer Generation so sein können. Was anders ist und vor zwanzig Jahren noch nicht einmal vorstellbar: Auf einer Seite steht ein iPad und berät per Video-Anleitung und Rezepte-App was genau er machen muss – und auf der anderen Seite steht ein iPhone mit seiner Freundin als Live-Video-Chat über Skype.
Sie ist 800km weit weg in Spanien und doch erleben beide gemeinsam, ob das Huhn nach dem neuen Rezept jetzt genießbar wird oder nicht. Sie unterhalten sich nebenbei über den Tag und was gerade so abgeht. Er trägt sie, per Smartphone, durch die Wohnung und so verbringen sie auf große Distanz einen schönen Abend miteinander. Abspülen muss er dann aber trotzdem alleine.

Unser Ältester war für ein Studien-Jahr in den USA. Zu besonderen Anlässen blieb sein Platz am Tisch aber nicht leer – da stand das Tablet und er war während des Geburtstags- oder Weihnachtsessens mit dabei. Wir konnten trotz neun Stunden Zeitunterschied eine interessante Zeit miteinander verbringen. Bei uns Abendessen – bei ihm Brunch, und kein Anzeichen von Heimweh.

Das Internet ist also wie so vieles im Leben Fluch und Segen zugleich.

- Als Konsumenten freuen wir uns diebisch, wenn wir dem Einzelhändler sagen können, was seine Sachen "wirklich" kosten.

- Wir buchen das gleiche **Hotel viel billiger**, weil wir ziemlich schnell alle Anbieter vergleichen können.

- Wir wissen, was wann im Kino läuft – und wir haben schon alles über den Film gelesen, bevor wir überhaupt losfahren. Und zwei Plätze in der Kuschelbank reserviert.

- Wir sind in Foren und Gruppen angemeldet und **tauschen uns mit Menschen über unsere Hobbys aus**. Mit wildfremden Menschen, die wir sonst nie kennen gelernt hätten

- Wir müssen nicht mehr auf die Presse und das Fernsehen vertrauen, sondern können uns viele **verschiedene Meinungen** anhören – und uns eine eigene bilden.

- **Wir lernen wieder zu teilen**: Mitfahrgelegenheiten, Car-Sharing und sogar das Teilen von Wohnungen werden durch das Internet erst möglich oder zumindest extrem einfach.

-
- Wir **reparieren wieder Sachen selber**, weil wir im Internet zu fast jedem Gerät **Video-Anleitungen** und Hilfe-Seiten finden.

- **Die Mündigkeit nimmt zu**: Kein Arbeitgeber erzählt seinem Angestellten irgendwas vom Pferd – eine halbe Stunde im Internet und der Chef bekommt die Rechtslage um die Ohren gehauen.

- Durch Dating-Apps und Partner-**Börsen finden sich tatsächlich Paare fürs Leben,** die sich "im echten Leben" nie über den Weg gelaufen wären.

Sicher fallen Dir noch tausend weitere Sachen ein, die man heute für selbstverständlich nimmt.

Das Meiste davon ist erst auf der Spielwiese Internet möglich geworden.
Menschen teilen ihre Erfahrungen, ihr Wissen, ihre Geschichten. Es finden sich Gleichgesinnte und Du merkst plötzlich, dass Du mit Deinem Problem nicht alleine bist – im Gegenteil!
Zu jeder Krankheit, jedem Autotyp und jedem Erziehungsproblem entstehen Gruppen und Foren. Was von außen oft wie Vereinsamung aussieht, kann auch eine Verbundenheit mit Menschen in aller Welt sein.
Vor allem die Sozialen Medien erlauben es, mit Freunden auf der ganzen Welt in Kontakt zu bleiben.
Meist ziemlich lose und unverbindlich – man weiß aber immer so grob, was bei dem oder den anderen gerade so abgeht.

Und mit einem Maus-Klick ist man im Gespräch.

4. Der Handwerker und das Internet 2.0

Schauen wir mal darauf, ob sich dieses neue, soziale Internet auch auf Deine Firma auswirkt.
Überraschung: Auch Du (von der Insel zurück) bekommst im Geschäftsleben die Auswirkungen knüppeldick zu spüren!

Vom König zum Experten!
Was glaubst Du, wo Deine Kunden plötzlich ihr ganzes Halbwissen her bekommen?
Was früher nur Lehrer gemacht hatten, probiert jetzt jeder: Alles wird hinterfragt und von Holzeinschlag über Transportwege, von Nahrungsmittel-Inhaltsstoffen bis zur UV-Beständigkeit bei Lacken, von Klimaklassen bis Arbeitsschutz-Bestimmungen: Du kannst nicht nur mit deinem Kunden diskutieren!
Nein – Du kannst gleich eine Unterrichtsstunde buchen!
Und es nützt nichts – überhaupt nichts – Dir mit dem Kunden einen Wissens-Battle zu liefern. Du kannst nur verlieren, denn der Kunde (mit Internet im Rücken) hat immer Recht.
Dein Kunde war früher mal König, zwischendurch wurde er zum mündigen Partner befördert – **jetzt ist er Professor mit einem kleinen Schuss Papst!**
Dein Kunde erwartet nicht das, was „Du schon immer so gemacht hast…“, er weiß jetzt, dass es noch unzählige andere Methoden, Oberfläche, Materialien etc. gibt.

Und er möchte mit Dir darüber diskutieren!

Er kennt die einschlägigen DIN-Vorschriften zumindest sinngemäß.
Deinen jährlichen Besuch auf Fachmessen kannst Du Dir fast sparen – Dein Kunde kann Dich mit allen Informationen eindecken. Er war nämlich vor Dir da.
Und länger.
Mit Übernachtung.
Mit Vertiefungsgesprächen bei DEINEN Lieferanten. Und wehe, Du hast nicht die allerneueste Kollektion auf dem Schreibtisch liegen.

Und was Deine Preise angeht: Du kannst Dir einen Wolf kalkulieren und den "richtigsten" Preis der Welt anbieten: Dein Kunde kennt Deine EKs und die Stundenlöhne Deiner Mitarbeiter. Und den Angebotspreis von mindestens drei Mitbewerbern.
Es war ja noch nie so einfach, eine Ausschreibung und ein paar Bilder an gleich vier oder fünf Handwerker zu mailen. Es fallen nicht mal Kosten für das Kopieren an – nur Kosten bei vier Firmen, die dasselbe Projekt parallel rechnen müssen.

Dein Lieferant – Newsletter statt Vertreter
Zeitfresser oder große Hilfe, nerviger Powerseller oder Ideengeber... Wenn Du mit **Außendienstmitarbeitern** zu tun hast, kennst Du sicher alle Varianten. Seit das Internet so viele Daten zur Verfügung stellen kann, **nimmt der menschliche Kontakt zu Deinen Lieferanten deutlich ab.**

Statt des Vertreters kommt jetzt **ein wöchentlicher Newsletter** per E-Mail. Bestellungen werden nicht mehr aufgenommen sondern sollen, möglichst online, übermittelt werden. Und wenn es etwas Neues gibt: Dafür gibt es ja Fachzeitschriften und Messen. Oder die Homepage des Herstellers.
Was es Neues bei Kollegen und vor allem Mitbewerbern gibt, erzählt Dir jetzt keiner mehr.

Und wenn sich dann doch mal ein Fachberater in Deinen Betrieb verirrt, dann klappt er sein Laptop auf. Er fährt das System hoch, loggt sich ein und braucht 15 Minuten, um zwei verschiedene Sorten Schrauben in das Online-Formular einzutippen.

Anfragen und Angebote per Email

Auf den ersten Blick ganz schön: Dein E-Mail-Postfach quillt über **vor tollen Angeboten und interessanten Anfragen.**

Du merkst allerdings ziemlich schnell, dass die tollen, billigen Artikel nur Lockangebote sind, und unterm Strich dann doch zu teuer.

Und was die Anfragen betrifft: Seit es Privatleuten und Architekten so einfach gemacht wird, **werden die Anfragen extrem gestreut**. Ohne Porto, Kopier-Aufwand etc. werden einfach viele Handwerker angeschrieben. Getreu dem alten Motto: Einer macht es immer billiger, wird einfach mal angefragt.

Du hast genug Erfahrung um zu wissen, dass diese anonymen Anfragen **nur sehr selten zu lukrativen Aufträgen führen**. Was Dich belastet, ist einfach die Zeit und Aufmerksamkeit, das alles zu prüfen und dann zu entscheiden.

Wer noch nie zu einem "Neukunden" gefahren ist, um dann bei einem Wasserschaden ein Angebot "erst mal nur für die Versicherung" zu machen, der darf sich jetzt etwas wünschen – viele werden das nicht sein.

Überhaupt E-Mail:
Früher war irgendwann am Vormittag die Post im Briefkasten.

Nachdem alles durchgesehen und gewürdigt war, war das Thema damit aber auch durch. Was nicht auf dem Schreibtisch lag, kam dann am nächsten Tag.
Heute wird von Dir erwartet, dass Du alle paar Minuten in Dein Mailfach schaust. Und nicht nur die Betreffzeile liest, sondern auch **gleich, sofort und unmittelbar reagierst!**

Terminabsprachen, technische Klärungen, Fragen zum aktuellen Projekt: Wer Dir eine Mail schickt, braucht meistens eine Antwort oder zumindest die Bestätigung, dass die Botschaft angekommen ist. Und das Verrückte daran: Umgekehrt erwartest Du auch von Deinen Lieferanten das Gleiche! Postwendend heißt eben immer noch postwendend.... und **die Post wendet sich heute einfach verdammt schnell**.
Tja, das Geschäfts-Leben war ohne Internet in vieler Hinsicht zwar langsamer aber auch übersichtlicher und Herz-schonender.

Also alles nur schlecht in der digitalen Welt?
So – das war jetzt **nach schöner, alter Handwerker-Sitte mal so richtig gejammert!** Muss auch mal sein dürfen.

Gut, dass die Sache nicht nur im privaten sondern vor allem auch im geschäftlichen Bereich mindestens zwei Seiten hat.
Jetzt wird es nämlich spannend!
Spannend und aufregend für Dich, wenn Du bereit bist, die Vorteile der neuen Welt für Dich zu erkennen. Und vor allem zu nutzen.

Vom Kunden lernen!

Wir können darüber klagen, dass unsere Kunden nur noch googeln, und uns mit ihrem Halbwissen in den Wahnsinn quatschen. Wir können den Spieß aber auch umdrehen!

Wie bereitest Du Dich auf einen Erstkontakt bei einem Neukunden vor?

Notizblock und Mappe, Visitenkarte, Meterstab, Muster und ein sauberes Hemd?

Das reicht heute nicht mehr!

Nimm Dir zehn Minuten Zeit und mache Dich auch schlauer!

- Wo und was arbeitet der Kunde?
- In welcher Position?
- Ist er verheiratet und wenn ja warum und mit wem?
- Was treibt er in der Freizeit?
- Ist er erfolgreicher Sportler oder im Vorstand der Kaninchenzüchter?
- Ist er seit Jahren in Gemeinderat oder zumindest schon mal als Blutspender erwähnt worden?
-

Dreh einfach den Spieß um, und mache Dich zum Kundenversteher!

Es gibt kein Thema, über das der Kunde lieber spricht, **als über sich selbst**.

Du hast gleich eine gute Position, wenn Du, natürlich beiläufig, erwähnst, dass Du ähnliche Interessen hast, und dass Euch doch eigentlich vieles verbindet.
Kinder im gleichen Alter? Ähnliche Urlaubsziele oder Hobbies? Super!

Rede nicht in erster Linie über Deine tolle Leistungen, sondern mache einfach klar, **dass Ihr auf der gleichen Wellenlänge unterwegs seid.**
Geschäfte macht, wer Probleme lösen kann!
Und wenn der Kunde nach fünf Minuten spürt, dass er mit seinen Sorgen bei Dir offene Türen einrennt, dann hast Du gewonnen!
Bitte nicht falsch verstehen: Nicht verbiegen und nach dem Mund reden – das fällt immer auf!
Einfach vorher informieren und dann gut reinfühlen, das kommt an.

Auf Augenhöhe – das funktioniert!
Und wenn wir schon dabei sind: Nutze das Halbwissen der Kunden aus.
Das geht, wenn man sich ein bisschen anstrengt.
Also NICHT mit den Augen rollen, wenn der Kunde mit seinem Wissen protzt, sondern: Loben! „Sie haben sich ja toll informiert – diese Kunden sind mir die liebsten. Weil genau sie unsere Fähigkeiten am besten anerkennen können!".
Ruhig mal aus der Reserve kommen und den Kunden da abholen, wo er steht.
Das Gegenüber fühlt sich toll, wenn er "auf Augenhöhe" behandelt wird. Es fällt dann nicht schwer, als Fachmann noch einen drauf zu setzen, so nach dem Motto: „Sie sind ja

schon so tief in der Materie, da interessiert Sie sicher, dass…".
Dieser Kunde nimmt Dich dann **als Experten** wahr. Das Verkaufsgespräch läuft auf einer guten Ebene und vor allem dahin, wo Du es hin haben willst.
Du solltest allerdings auch sattelfest im Thema sein. Es gibt da auch Glatteis, wohin Du Dich nicht begeben solltest.

Also nochmal zum Mitschreiben: Überlasse das Feld der Vor-Information nicht dem Kunden! Zehn Minuten googeln sind da oft Gold wert.

Moderne Technik = moderner Betrieb
Nutze die Technik und die Möglichkeiten, so oft wie möglich.
Ich hatte immer sehr gute Erfahrungen damit, **mit dem iPad beim Kunden aufzulaufen**. Und die Sachen direkt zu verdeutlichen.
Ob Schnittzeichnungen, Anwender-Videos oder schlicht Bilder von ähnlichen Projekten: Es macht auf viele Leute einfach einen guten Eindruck. Du gehst auch lieber zu der Autowerkstatt, die die neuesten Diagnose-Geräte am Start hat.
Die Kunden sehen, dass Du dran bleibst und gehen dann auch davon aus, dass Du in Werkstatt und Montage **auf dem aktuellen Stand** bist.

Es kommt dann übrigens gut, **wenn Du das auch bist.**

Wenn Du jetzt vielleicht denkst: „Meine Kunden sind eher **ältere Semester**, denen liegt nicht so viel an moderner Technik!", dann kann der Schuss nach hinten losgehen.

Du solltest mal meinen Vater beobachten, wie er am Tablet-Computer nach Koch-Rezepten sucht. Dann würde Dich auch nicht wundern, dass er seit einiger Zeit alle Bücher nur noch als E-Books liest – mit 84 Jahren!

Also merken: Beim Kundengespräch nicht von Halbwissen und Ansprüche an Technik überfahren lassen, sondern zeigen, dass Du da locker mithalten kannst.

Das schafft Vertrauen. In jeder Altersklasse.

Dein Lieferant hat kein Wochenende mehr

Aber das war ja erst der Anfang!
Für uns Handwerker gibt es noch viel mehr Vorteile auf der Spielwiese Internet. Man muss nur manchmal danach suchen. **Und dann die Erkenntnisse umsetzen…**

Wer kennt nicht die leidige Situation, ein Angebot fast komplett fertig zu haben – aber ein einzelner Preis oder die Frage nach Verfügbarkeit kann nicht schnell geklärt werden? Es ist nämlich schon nach 17:00 Uhr oder plötzlich überraschend Wochenende… War für mich nur so lange ein Problem, bis unsere Firma an die Warenwirtschaft unserer Hauptlieferanten angeschlossen war.
Zumindest den **aktuellen Lagerbestand** (z.B. von Dekoren, Beschläge, Farben) und die tatsächlichen, **individuellen Einkaufspreise** waren plötzlich **immer** verfügbar. Nur ein paar Mausklicks entfernt sozusagen. Das Angebot für den Kunden wurde noch rechtzeitig fertig.
Und wenn der Auftrag dann im Haus war: Ruckzuck alle benötigten Materialien aus der Software heraus bestellt.

Schreibtisch und Kopf waren wieder etwas erleichtert. Auch nach 19:00 Uhr noch machbar.
Bei großen Beschlagshändlern wie Häfele oder Würth und vielen anderen funktionieren die Internetshops schon seit Jahren perfekt.
Direkt im Blätter-Katalog den gewünschten Artikel auswählen, nochmals die Maße und Funktionen checken und ab dafür in den Warenkorb. Lieferung innerhalb von 24 Stunden ist dabei schon fast Standard – und das für alles, was auf vielen tausenden Katalogseiten zu finden ist.
Also für so ziemlich alles. Deine Bestell-Historie ist dann auch gespeichert, und du kannst locker noch nach zwei Jahren die exakt gleichen Griffe bestellen. Oder die passende Kante und Dekore.

Dann noch schnell die Katalogseite oder die technische Zeichnungen ausgedruckt und in die Mappe für die Mitarbeiter gelegt – so läuft das dann auch bei der Auftragsbesprechung ganz geschmeidig.

Abbildungen von Griffen oder Oberflächen aus dem Katalog wählen und als Foto in Dein Angebot einfügen – so weiß der Kunde was auf ihn zukommt. Und das in der Hälfte der Zeit, die man früher mit dem Außendienstler für Smalltalk einrechnen musste.

Plattenzuschnitt ohne Fehler
Hier noch ein Tipp **speziell für Tischler und Schreiner** - da komme ich nun mal her…
Wie gut bist Du beim Thema **Plattenzuschnitt** aufgestellt?
Plattenmaterial mit komplizierten Zuschnitten direkt vom Händler aufteilen zu lassen, macht, je nach Auslastung und eigenem Maschinenpark, manchmal durchaus Sinn. Auch Kollegen mit moderner Zuschnitts-Linie freuen sich ab und zu über zusätzliches Futter für die Säge. Und genau hier liegt ein großes Potenzial in der guten Vorbereitung:
Mein Tipp: Die eigene Excel-Tabelle genau auf die Anforderung der Zuschnitt-Optimierung beim Händler oder Kollegen auslegen.
Da kann dann eine Datei per Mail übertragen und in Sekunden in die Arbeitsvorbereitung des Lieferanten eingelesen und verarbeitet werden. Keine Zahlen werden zweimal erfasst. Spart jede Menge Zeit und verhindert falsche Teile und Stückzahlen.
Zumindest ist dann klar, wer was verbockt hat.
Also an dem Punkt ruhig mal eine Stunde "opfern" und die Sache gut vorbereiten – spart nachher bei jedem Auftrag eine Menge Zeit und Nerven.

Sicher gibt es **ähnliche Beispiele auch aus anderen Branchen,** ich denke z.B. an die Möglichkeit der **Visualisierung von Fassaden für Maler**. Oder **Aufmaßsysteme für Treppenbauer**. Oder Visualisierung und **Material-Auszug für Ofenbauer;** Deklaration von Inhaltsstoffen für Metzger und Bäcker….. und tausende weitere Erleichterungen.
Mein Tipp: **Offen bleiben und sich keiner neuen Technik verschließen**. Zumindest nicht, bevor Du Dich wirklich informiert hast.

Mitarbeiter erreichbar und Fotos als Beweismittel
Was seit ein paar Jahren auch Vieles erleichtert: Die Mitarbeiter **sind enger mit dem Büro in Kontakt.**

Über WhatsApp oder andere Dienste lassen sich Fotos, Anfahrtsrouten, Maße und Anweisungen schnell und fehlerfrei hin und her schicken. Ein Bild sagt oft mehr als noch so viele Worte und der Monteur kann die Situation und mögliche Lösungen mit dem Chef klären. Und zwar ohne dass wertvolle Zeit verloren geht und viel Sprit verfahren wird.

Nicht zu unterschätzen ist auf manchen Baustellen auch die **Beweispflicht**. Der Monteur kann festhalten, was er antrifft, obwohl etwas ganz anders besprochen war. Ein Foto, das innerhalb von ein paar Minuten die betroffenen Handwerker, den Kunden und den Bauleiter erreicht, kann für überraschend schnelle Lösungen sorgen.
Und später evtl. als Begründung für zusätzliche Stunden auf dem Stundenzettel.

Bei Reparaturen von Bauelementen hatte ich es mir z.B. angewöhnt, den Kunden um ein Handy-Foto des vermeintlich kaputten Beschlags zu bitten. Möglichst mit lesbarer Teile-Nummer.

Wer schon mal auf Anhieb mit dem richtigen Ersatzteil beim Kunden aufgelaufen ist, weiß, wie sich ein Super-Held fühlt! Und wird auch gerne weiterempfohlen.

Montagevorbereitung per Video
Oft unterschätzt und noch viel zu selten genutzt ist eine weitere Möglichkeit des schnellen Internets: Viele Firmen stellen für ihre Produkte **Schulungs- oder Erklär-Videos** ins Netz.
Und das machen die aus einem guten Grund: Sie wollen Dir das Leben erleichtern: Wer z.B. nur selten mit der Montage eines elektrischen Schiebetür-Antriebs zu tun hat, versteht gleich, was ich meine.
Besonders lustig wird der Kampf mit der 30-seitigen Montageanleitung nämlich immer dann, **wenn der Kunde daneben steht**. Und sehr selbstsicher unterstützt und berät.
Macht einen super Eindruck, wenn man irgendwann von Punkt 14a auf 5b zurück muss, weil die Stromzufuhr doch VOR der Montage der Laufschiene durchgesteckt werden musste. Oder so ähnlich.
Viel entspannter geht das Team zum Kunden, wenn es sich **vorher das Schritt-für-Schritt-Video angeschaut hat.** Gemeinsam und mit Verstand, damit man schon mal sieht, warum die einzelnen Schritte später wichtig werden. Und das Kabel tatsächlich irgendwann gebraucht wird.
Experten-Geheim-Tipp: Es soll schon motivierte Mitarbeiter gegeben haben, die sich (nach einem dezenten Hinweis) am Vorabend zuhause ganz entspannt das Video reingezogen hatten. Deshalb: Montagen mit Herausforderungen immer vorher ankündigen.
Und solche Mitarbeiter dann auch ehrlich und vor anderen loben.
Loben geht übrigens immer!

Hier noch ein paar Beispiele was per Video geschult und vor allem gelernt werden kann:

- Montage von Sicherheitsbeschlägen
- Verarbeitung neuer Oberflächen-Materialien
- Anwendung von geprüften Systemen, Abdichtungen, Befestigungsmittel etc.
- Verhalten beim Kunden generell: Hier gibt es Lehrfilme von der Handwerkskammer oder vom Berufsverband

Auch Lieferanten stehen im Wettbewerb

Und jetzt kommt noch ein kleiner, offensichtlicher Geheimtipp:

Warum sich über Kunden aufregen, die im Internet Preise vergleichen und dann versuchen, **günstig zu kaufen?** Das nennt man ja wohl ganz einfach Marktwirtschaft, und war eigentlich schon immer so. Nur halt nicht so transparent und einfach.

Warum nicht auch in diesem Punkt vom Kunden lernen?

Es ist auch für Dich als Handwerker manchmal nötig, **einem Lieferanten zu sagen, dass sein Preis nicht mehr passt**. Der Markt ist durchsichtiger geworden – und das, was Dir Dein Kunde aus den Rippen leiert, das kannst Du mit etwas Einsatz bei Deinen Kosten auch wieder einspielen.

Du wirst erleben, dass Dein Lieferant gar nicht so arg erstaunt sein wird – er weiß nämlich ganz genau wo er steht, und hat Deinen Anruf schon früher erwartet.

Ich fasse die letzten Seiten mal wieder kurz zusammen:

- „Das Internet" ist in **ständigem Wandel**

- Das schnelle Internet 2.0 hat **im privaten Bereich Vor- und Nachteile**

- Das schnelle Internet 2.0 hat auch **im geschäftlichen Bereich Vor- und Nachteile**

- Die einzige Schlussfolgerung daraus: Nicht über die Nachteile zu sehr nachdenken und heulen – sondern alle Vorteile auch im betrieblichen Bereich erkennen und nutzen!

- Und es gibt noch unendlich viel mehr Vorteile, das würde ein ganzes Buch füllen.

5. Vom Marktplatz und von Suchmaschinen

Eigentlich wollte ich an dieser Stelle anfangen, Dir etwas über **"Social Media"** also über die einzelne Kanäle der **sozialen Medien** zu erzählen. **Mache ich aber nicht – noch nicht.**

Wir haben uns im letzten Kapitel über das Internet 2.0 unterhalten, über die guten und die weniger guten Auswirkungen davon. Und über Chancen und Risiken im privaten und im geschäftlichen Bereich. Das Gleiche könnte ich jetzt auch mit Facebook, Twitter und Co. machen.
Erklären, was passiert und was wie funktioniert. Und die Vor- und Nachteile davon beschreiben.

Könnte ich machen. Mache ich auch. Aber später!
Viel wichtiger finde ich an dieser Stelle, dass Du Dir eine eigene Meinung zu diesem komplizierten Thema bilden kannst.

Sinn oder Unsinn von **"sozialen Medien"** kann man nämlich nur sehr schlecht ohne das nötige Wissen über das Drumherum beurteilen. **Wie im echten Leben hängt auch da Alles mit Allem zusammen.**
Und genau da lohnt sich auch in Blick hinter die Kulissen!
Ich werde in diesem Kapitel deshalb versuchen, Dich noch ein bisschen näher an den Stoff ran zu bringen. Wenn es klappt, kann ich Dir etwas zu den Themen "Suchmaschinen-Optimierung", "Pagerank", "Google-Algorithmus",

"Content-Marketing", "Brand-Building", "Inbound-Marketing" etc. beibringen.
Und das, ohne dass wir diese Begriffe auch nur ein einziges Mal dazu benutzen müssen!

Mal sehen ob das funktioniert – ich bin gespannt und freue mich drauf.

Bist Du schon drin?
Also los: Und es könnte wieder mal beginnen mit: Es war einmal… was wirklich geschah…
Vor 15 Jahren war die alles entscheidende Frage, sowohl privat als auch geschäftlich: „Bist Du schon drin?".

Ausgerechnet Boris Becker warb damals in einem Kult-Werbespot für AOL genau mit dieser Frage. **„Bin ich schon drin?"** Wer sich noch einmal in diese Anfangstage des Internet zurück versetze möchte, kann hier einen passenden Zeitzeugen-Bericht in der WELT nachlesen: http://www.welt.de/print-welt/article507733/www-binichschondrin-de.html. Der Artikel stammt aus dem Jahr 2000 - eine richtige Zeitreise also…

Es war, wie schon beschrieben, eine Zeit des **Aufbruchs in eine neue Zeit** – eine Zeit, in der sich die Gesellschaft teilte: **In online und noch nicht online**.

Das "frühe" Internet war, wie wir gesehen haben, eine **Welt von Produzenten und Konsumenten**, was zu einer simplen Mechanik führte: Die einen, meist Unternehmen und Leute, die etwas zu sagen bzw. zu verkaufen hatten, stellten Inhalte ins Netz. Und die ersten privaten Internet-Nutzer wählten sich ein und konnten diese Inhalte dann

genießen, gebrauchen, bewundern, kaufen… was auch immer.
Je mehr Inhalte auf immer mehr Websites produziert wurden, umso interessanter und lohnender wurde es, "drin" zu sein.

Das Internet als Marktplatz

Ganz einfach – **wie auf einem Marktplatz**!

Sobald die Verkäufer ihre Stände aufbauen, ihre Auslagen füllen und schön darbieten, füllt sich der Markt und der Handel beginnt.
Es machte früher wie auch heutzutage sehr wenig Sinn, schon vor dem eigentlichen Markt-Tag einkaufen zu wollen, oder sich mit dem Korb erst auf den Weg zu machen, wenn der Markt schon verlaufen war.
Auf das Internet übertragen hieß das: Wo interessante Seiten anzuschauen waren, also wo man etwas erfahren, lernen oder kaufen konnte, da tauchten auch die Nutzer auf. Als Konsumenten, Zuschauer, Käufer eben.
Da das Erstellen einer Web-Site damals teuer, aufwändig und ungewohnt war, waren die ersten "Anbieter" große Firmen, Universitäten oder Forschungseinrichtungen. Geld oder technische Erfahrung auf diesem Gebiet machte den Zugang leichter oder erst möglich.

Und plötzlich 24 Stunden geöffnet!

Wenn wir **bei dem Bild vom Wochenmarkt** bleiben, was war bald die erste sichtbare Weiterentwicklung?
Der Marktplatz der Informationen und Eitelkeiten hatte plötzlich **24 Stunden geöffnet** – und zwar an sieben Tagen der Woche!

Es war plötzlich normal, rund um die Uhr "seine" Händler zu besuchen, sich Informationen zu beschaffen oder etwas zu bestellen. Bald gab es Verkaufs-Plattformen wie **Ebay** oder **Amazon**. Läden, die immer da waren – nur ein paar Maus-Klicks entfernt. **Was für ein krasser Unterschied zum legendären bundesdeutschen Ladenschlussgesetz!**

Das war aber noch lange **vor** dem Siegeszug der Sozialen Medien, wie wir sie heute kennen. Den kleinen Ausflug über den Marktplatz habe ich nur gemacht, um Dir nachher besser erklären zu können, was **ab 2005 und verstärkt in den letzten paar Jahren passierte.**
Irgendwie gefällt mir dieser Vergleich auch gar nicht mal so schlecht. Er hinkt etwas, aber das kann dem besten Vergleich passieren.
Bleiben wir also bei **unserer Vorstellung vom Marktplatz**: Händler, die immer da sind - Käufer, die rund um die Uhr diese Händler besuchen.

Die neuen Plattformen
Und dann passierte es! Ohne Vorwarnung! Und alle fragten sich, wie es so weit kommen konnte…

Kommt Dir bekannt vor? Ja – Geschichte wiederholt sich wohl immer mal wieder. **Aber auch bei der Verbreitung der Sozialen Medien gab es keinen lauten Knall, keine Schlagzeilen in der Zeitung und nicht einmal eine Meldung in der Tagesschau**. Heimlich, still und ziemlich leise entwickelten sich viele neuen Möglichkeiten.
Zuallererst in den USA. Meistens in erster Linie an Universitäten und da gemacht von Studenten für Studenten. Ich werde später auf die Funktionsweisen und die einzelnen Social-Media-Plattformen eingehen. Schauen wir aber jetzt

nochmal ganz kurz auf unseren belebten Marktplatz: Was fällt Dir als erstes auf?

Der Marktplatz ändert sein Gesicht

Der Marktplatz ist größer geworden – viel größer.
Das war ja bei einer so schnell wachsenden Sache wie dem Internet nicht ganz überraschend. Geändert hat sich aber auch das Verhalten der Menschen auf dem Platz!
Und zwar gewaltig.
Auf den ersten Blick auffallend: Es gibt große Bereiche **ohne auch nur einen Marktstand**! Früher wäre es hier ziemlich still und leer geworden – ohne Angebot auch keine Käufer also keine Besucher. Aber heute? Der Platz ist angefüllt mit Menschen! Der erste Gedanke: Die langweilen sich ja sicher und warten. Sie warten darauf, dass auch in dieser Ecke endlich ein Verkäufer auftaucht, und seinen Stand mit Waren, Dienstleistungen oder zumindest Informationen füllt.
Pustekuchen!

Nö – niemand wartet darauf! Die Menschen fühlen sich auch ohne das eigentliche Marktgeschehen sichtlich ganz wohl.

- Sie reden miteinander!
- Sie reden ständig miteinander!
- Sie zeigen sich gegenseitig Urlaubsfotos!
- Sie lästern über die Marktstände auf der anderen Seite!
- Sie stellen sich gegenseitig Fragen und beantworten die auch!
- Sie rotten sich zu Gruppen zusammen!

- Technik-Begeisterte reden über Technik, Modebewusste über die neueste Mode… Hobby-Handwerker über neue Akkuschrauber und Bastel-Anleitungen.

Ein Markt ohne Marktstände

Die Menschen konsumieren Informationen und geben Wissen und Erfahrungen von sich preis.
Zwischendurch noch ein paar Aufrufe für eine Wohltätigkeitsveranstaltung und die wahnsinnig putzigen Videos von ebensolchen Tier-Babys.
Und das Beste daran: Wenn auf dem Markplatz alle Stände schließen und sich still und leise vom Acker machen würden – was würde passieren?

Erstmal gar nichts!
Ein paar Leute würden umher irren und das **super billige Reiseportal** suchen. Und **den Schuh-Discount vermissen**, wo man sich zehn Paar Schuhe schicken lassen kann und davon neun wieder zurückgibt. Kostenlos.
Aber der Marktplatz wäre weiter ganz gut mit Leben erfüllt! Die Menschen haben sich zwischenzeitlich das Internet (den Marktplatz) zu einem zweiten Zuhause gemacht. Sie kampieren oder verbringen zumindest einen großen Teil ihrer wachen Zeit hier.
Sie verabreden sich. Sie erzählen sich vom letzten Urlaub. Sie fachsimpeln über Autos, Nähmaschinen, Kindererziehung, Nahrungsergänzung, Sportschuhe, Küchenpsychologie, Handymodelle, Geldanlagen, medizinische Befunde, Lebenskrisen, Wirtschaftskrisen, Bankenkrisen und natürlich über die offensichtlichen Lösungen all dieser Krisen.

Sie verkaufen sich gegenseitig gebrauchte Sportbeutel, Hochzeitskleider, Häuser und Hunde. Sie teilen sich ihre Autos, Heckenscheren und geben wildfremde Menschen ihre Wohnungsschlüssel.
Diejenigen, die neben dem Leben auf dem Internet-Marktplatz noch ein anderes, normales Leben oder einen Beruf haben, berichten live von Erfolgen, Misserfolgen, Mittagessen oder dem nahenden Feierabend. Es wird gepostet, getwittert und gechattet, was das Zeug hält

.

Heilsbringer aus allen erdenklichen Richtungen und Weltanschauungen reden selten miteinander aber pausenlos selbstbewusst und lautstark aneinander vorbei.

Die Menschen sitzen auf den ersten Blick zwar vor ihren Rechnern, Tablets und Smartphones – **in Wirklichkeit sind sie aber gar nicht zuhause sondern bei ihren Freunden auf dem Marktplatz**. Vor dem Abendessen wird noch schnell ein leckeres Rezept erfragt – irgendjemand erzählt gerade vom neuen Kinoprogramm. Schon weiß man, wie man ein schnelles, gesundes Essen zaubert.
Und ob es sich lohnt anschließend ins Kino zu gehen.

Immer da und immer was los

Der Markplatz ist

1. **immer da und immer geöffnet** und
2. **es ist nicht nur ein Platz – es sind unendlich viele** – weltweit!

Ich muss nicht warten, bis mein Brief (Brief!) per Luftpost zu Freunden in den USA geliefert wird. Um dann bestenfalls in einigen Tagen eine Antwort darauf zu bekommen (obwohl das auch seinen Reiz hat!). Nein – ich klappe mein

iPad auf, gehe damit auf den Marktplatz (per Skype) und rede von Angesicht zu Angesicht mit meinen Freunden in Oregon.
Was noch vor ein paar Jahren höchstens dem CERN oder der NASA technisch möglich war, ist heute eine Selbstverständlichkeit.

Wer etwas Zeit und Wissen zu einem Thema übrig hat: In einer Ecke des Marktplatzes bauen die Idealisten der **Wikipedia** an einem **kostenlosen Lexikon**. Mit allem Wissen, was derzeit zu fast allen Themen gewusst werden kann. Eigentlich an einer Bibliothek mit ganz vielen Wissensbüchern – **alles kostenlos und nicht immer alles ganz wissenschaftlich exakt**... Aber eine Wahnsinns-Leistung mit einem noch nie da gewesenen Wissensschatz. Wer sich also nach Feierabend noch aufraffen kann, geht zu dieser Baustelle und arbeitet ehrenamtlich ein bisschen mit.

Ab und zu hört man ein lautes „Hallo" über den Platz wehen – auf einer der unzähligen Plattformen hat wieder jemand einen alten Schulfreund entdeckt!
Oder die Traumfrau für's Leben.

Das Suchen und das Finden

Überhaupt: **Das Finden!**

Der unendlich große Marktplatz lässt die Menschen Dinge finden, nach denen sie nie gesucht hätten. Ob Backrezepte, neue Freunde oder eine neue Lebensaufgabe – es gibt nichts, was es nicht gibt, und man muss nicht einmal wirklich angestrengt suchen. Surfen reicht da völlig aus.

Überhaupt: **Das Suchen!**

Wenn sich auch die Möglichkeiten und die Informationen vervielfältigt haben – **mehr Lebenszeit kriegt man nicht dazu geschenkt**. Nicht mal als Bonus von der Gesundheitskasse.

Und genau da tut sich wohl ein neues Problem auf:

Möglichkeiten und Informationen = unendlich, Tendenz schnell steigend.
Zeit zum Stöbern und Entdecken = ziemlich endlich und nicht verhandelbar.

Aber selbstverständlich gibt es auch für diese Herausforderung bald eine wunderbare Lösung. Und zwar ohne das Leben künstlich zu verlängern oder einen Großteil des Internets zu löschen.

Die Agenten sind los

Die Lösung ist ziemlich einfach und wie aus dem wahren Leben gegriffen: Ich renne nicht mehr selber ziel- und kopflos über den Marktplatz!

Wenn ich passende Dinge und Informationen will, **dann schicke ich einen Agenten los**. Einen Profi-Agenten! Einen Super-Sucher, **und vor allem Super-Finder**, der in Null-komma-nix wieder vor mir steht. Und zwar mit genau und exakt den Adressen, die mir genau jetzt nützen. Und nach denen ich selber gefühlte Jahre gesucht hätte.

Wahnsinns-Erfindung dieser praktischen Sucher und Finder! Allerdings mit Kinderkrankheiten. Wie wohl fast alle neuen Sachen, die erst erfunden und dann so richtig entwickelt wurden (Auto, Staubsauger, Fingernagelschere etc.).

Die ersten Such-Agenten waren schnell und willig. Aber auch ziemlich dumm.
Du hattest vielleicht mal einen Azubi in dieser Preisklasse, dann weißt Du was ich meine.

Ich muss an dieser Stelle sofort an meinen Lehrer denken, der in dieser chaotischen Anfangszeit im Internet nach **HOMER** suchte. HOMER, kennt jeder... ein ganz früher Dichter der griechischen Antike – Odyssee, Ilias, Du weißt schon, wen ich meine. Dachte auch mein Lehrer. Naja, knapp daneben: Sein beauftragter "Such-Agent", damals wohl Altavista, hatte drei Seiten mit Informationen über **Homer Simpson** ausgespuckt! War ja eigentlich klar, weil sich der Durchschnitts-Amerikaner eben eher für den gelben Homer als für den alten Homer interessierte.

Trotz der Anlaufschwierigkeiten war die Entwicklung dieser "Maschinen zum Suchen" eine extrem wichtige Sache. Ohne diese fleißigen Helfer wäre das Internet, also der virtuelle Marktplatz, ganz schnell nur noch chaotisch und überfüllt gewesen. Nicht mehr unfallfrei zu betreten – ein Ort des Grauens!

Du hättest Dich nach ein paar Besuchen ganz schnell davon überzeugt, dass Dir ein "echtes" Bier, mit "echten" Freunden und ab und zu ein "echtes" Buch viel mehr bringen. Das Internet wäre über kurz oder lang als eine weitere

Fehlentwicklung und als doofe Erfindung in die Geschichte eingegangen.

Du hättest nie das gefunden, wonach Du suchst und was Dich interessiert, und auch beim Internetauftritt Deiner Firma wäre kein einziger Kunde vorbei gekommen.

Die Suchmaschinen werden erfunden

Im richtigen Moment gab es dann die Lösung und alles funktionierte schnell und fast fehlerfrei, wie eine Maschine eben.

Nennen wir das Ganze der Einfachheit halber einfach beim Namen: **Die *Suchmaschinen* waren erfunden!**

Wie schon erwähnt, gibt es zahlreiche unterschiedliche Suchmaschinen. **Google** ist dabei allerdings mit großem Abstand die größte.

"Googeln" steht mittlerweile im Duden und die allermeisten Menschen weltweit benutzen diese Suchmaschine, um im Internet an Informationen zu kommen.

Ich gehe jetzt etwas näher auf die Besonderheiten von Google ein. Aber nicht um hier Zeilen zu füllen. Oder etwas Werbung für Google zu machen – das ist nämlich auch eine ganz normale Firma in Kalifornien, die richtig viel Geld verdienen will.

Die Funktionsweise von Sozialen Medien wird aber nur verständlich, wenn man die Zusammenhänge und die Funktionsweisen von Suchmaschinen begreift!

Stellen wir uns also nochmal gedanklich auf unseren Marktplatz – irgendwie hinkt der Vergleich immer mehr, funktioniert andererseits aber doch auch noch ganz leidlich.

Die Lage ist nicht mehr entscheidend

Wie hat sich die Lage durch die Verbreitung der Suchmaschinen geändert?

Na ja – mal wieder ganz grundlegend und gleich auf den ersten Blick zu erkennen.

Du musst **nicht mehr selber** zu den Marktständen schlendern, um Dir das Angebot anzuschauen. Du hast ja jetzt Deinen kleinen Suchhund. Der Suchhund ist unendlich schnell und ziemlich wendig und so ist die direkte Nähe der Stände zu den Kunden nicht mehr ausschlaggebend.

Angenommen **Anbieter A** hatte einen super schönen Premium-Platz, an dem alle Menschen vorbei mussten. **Anbieter B** war hinten links in der Ecke und man fand ihn nur, wenn man nach ihm suchte oder unbedingt gerade zu ihm wollte.

Weiter angenommen Anbieter A hat schlechtere Qualität oder einen zu hohen Preis. Was bringt ihm die Traumlage jetzt noch? Richtig: Nichts!

Die Suchhunde der möglichen Käufer laufen nämlich gleichschnell überall hin und lassen sich durch einen schönen Stand und eine tolle Lage nicht durcheinander bringen!

Ergo: Die Lage ist nicht mehr entscheidend, **es zählen Qualität und andere Vorzüge**.

Wenn die Lage aber nicht mehr wichtig ist, was passiert dann, auf dem virtuellen wie auch auf einen echten Marktplatz?

Die Händler kommen einfach nicht mehr auf den Platz, sondern stecken ihre Zeit und ihr Geld lieber in ihr

Ladengeschäft! Ein paar Straßen weiter – vielleicht sogar in einer Seitenstraße.

Weil der Suchhund ja auch da in der gleichen windhundartigen Eile hinkommt und rumschnuppern kann.

Die teuren Plätze auf dem Marktplatz, das ewige Auf- und Abbauen, Hin- und Wegräumen, alles nicht mehr nötig.

Schön für die Händler und kein Nachteil für die Käufer.

Ein leerer, voller Platz
Wie sieht es nach dieser Entwicklung aber auf dem Marktplatz aus? Fegt ein eisiger Wind über eine leere, langweilige Brache, auf der enttäuschte Menschen herumirren?

Nö – im Gegenteil!
Die Leute freuen sich an den neuen Möglichkeiten. Viel mehr Platz, weniger Verkäufer, die aus ihren Buden herausrufen und unbedingt etwas verkaufen wollen. Eine angenehme, entspannte Ruhe und eine gute Stimmung unter den Leuten. Fast wie im Urlaub.
Die Besucher bringen Tische und Bänke mit. Und ihr Handarbeitszeug sowie jede Menge Picknickkörbe. Man geht jetzt nicht mehr ins Internet (auf den Markt) weil der Kühlschrank leer ist. Oder man unbedingt und dringend neue Winterreifen braucht!

Der Marktplatz ist jetzt ein Rummelplatz der Eitelkeiten. Es gibt hier massenhaft Tratsch und Unterhaltung, Fashion-Shows, Bildungsakademien und Selbsthilfegruppen für alle Lebenslagen. Neben Beratungszentren und Werbe-Säulen stehen unendlich viele Pinnwänden, die darauf warten, mit Baby-, Hochzeits-, oder Urlaubsbildern gefüllt zu werden. Man verabredet sich, tauscht Musik, Filme, Ideen oder Beleidigungen.

Wie kann das aber funktionieren? Schließlich sind doch die meisten Menschen im Internet, weil sie da bestimmte Dinge suchen oder Absichten haben?

Kein Problem! **Dafür gibt es jetzt ja die schlauen Such-Agenten, also die Suchmaschinen**. Und die sind seit einigen Jahren **auf einem ganz anderen Level unterwegs**. Und das hat folgenden Hintergrund:

Suchmaschinen sind erstmal dumm
Die doofe Suchmaschine im Jahr 2005 oder früher hatte zwei entscheidende Schwächen:

1. Sie wusste nicht ganz exakt, **nach was Du gesucht hast** und

2. Sie wusste viel **zu wenig über die gefundenen Web-Seiten**.

Ziemlich doofe Situation: Du schickst einen Helfer los, der nicht wirklich weiß, was er suchen soll. Und wenn er etwas findet, dann hat er keine Ahnung, ob sein Fund nun ein Goldstück oder ein Stück Schrott ist....
So ähnlich war das damals. Erinnerst Du Dich an Homer Simpson, den alten Griechen?

Die Entwickler der Suchmaschinen taten das, was ein Handwerker auch tun würde, nämlich das einzig Richtige: **Sie schraubten an beiden Stellschrauben!**

Was meine ich damit? Ganz einfach: Der Helfer, den Du losschickst, **muss genau wissen, was Du suchst**. Und wenn er etwas gefunden hat, muss er unter unendlich vielen Ergebnissen **die besten und wertvollsten herausfinden**. Und zwar nicht übermorgen sondern gefälligst pronto!

Er flitzt also mit Lichtgeschwindigkeit über den Marktplatz, hört allen Gesprächen zu, schaut sich alle Bilder an und rennt danach wie beschuckt auch noch durch alle Seiten-

und Nebenstraßen. Da sind ja jetzt die ganzen lukrativen Geschäfte der ehemaligen Markt-Beschicker. Du selber kommst da gar nicht mehr hin. Erstens macht das Arbeit und kostet Zeit (genaue Adresse eingeben) und zweitens amüsierst Du Dich gerade auf dem Rummelplatz viel zu gut…

Die beiden Stellschrauben

Schauen wir uns mal die **erste Stellschraube** näher an: Der Such-Profi den Du losschickst muss, bevor er losrennt, **ziemlich genau wissen, was Du eigentlich suchst**.

Und jetzt kommt die Erfahrung aus dem echten Leben ins Spiel. Wer kennt Dich wohl am besten?
Außer Dir selber?
Ein guter Freund, Dein Partner/Partnerin? Oder jemand, der schon oft etwas für Dich gesucht hat! Und der dabei dazu gelernt hat. Und wie kann das ein virtueller Helfer machen?

Der Trick: Du schickst nicht jedes Mal einen neuen Helfer los, **sondern immer den gleichen**. Und, ganz wichtig, dieser merkt sich ganz genau, **was** Du gesucht hast, **wann** Du gesucht hast, und vor allem, **wie zufrieden** Du mit den Ergebnissen warst.

Kommt Dir das bekannt vor? Hast Du Dich auch schon gewundert, warum Du auf die gleiche Suche ganz andere Ergebnisse angezeigt bekommst als Deine Frau, Deine Kinder oder ein Kollege? Nicht wundern. Das ist natürlich gewollt.
Google - nennen wir es ruhig mal beim Namen – kennt Dich seit Jahren, und zwar besser als Deine Freunde.

Manchmal besser als Du selbst.

Pikant wird das Ganze dadurch, dass Google auch andere Firmen darin unterstützt, Dich zu kennen. Ohne Dich vorher um Erlaubnis zu fragen. **Dein Suchhund ist gar nicht Dein Suchhund**. Er gehört seinem Rudelführer und wird an Dich **nur ausgeliehen** – immer wieder.... **Aber nach Feierabend erzählt er seinem eigentlichen Herrchen brühwarm alles, was er über Dich herausgefunden hat.**
Und das ist eine Menge.

Datenschutz und falsche Knochen

Ich will jetzt hier nicht über Sinn und Unsinn von Datenschutz referieren. Wie schon ausgeführt, kann man sich kaum unsichtbar im Internet bewegen. Und wenn, dann auch nur, wenn man sich jeden Tag mit einem neuen Suchhund anfreunden will, der dann leider auch oft die falschen Knochen anschleppt.
Das Thema ist sicherlich sehr ernst und spätestens seit der NSA-Affäre leider nicht auf mehr oder weniger harmlose oder einfach nur nervige Auswirkungen beschränkt. **Wir wissen jetzt, dass auf und über dem Marktplatz unsichtbare Augen und Ohren sind, die alles hören und sehen und fleißig mitschreiben.**
Wer sich dem entziehen will, muss seinen Rechner verkaufen und sich auf die Insel aus Teil 3 zurückziehen. Sein Telefon und seine Kreditkarte sind dann natürlich auch weg.
Und die meisten seiner Freunde.

Was bleibt zu unserer Suchmaschinen-Weiterentwicklung hier also festzuhalten: Dein lieber Such-Helfer-Hund ist treu, praktisch und auch bald schon unverzichtbar. Eigentlich eher ein Blindenhund für die Datenwelt.

Aber er ist außerdem eine miese Schlampe, die nichts für sich behalten kann und für einen billigen Knochen alles über Dich rumerzählt! Leider!

Dein Suchhund kennt Dich genau

Es war ja noch recht übersichtlich, Dich und Deine Wünsche kennen zu lernen. Eine gewisse Zeit mit Dir und ein fleißiges Mitschreiben hatten hier fast schon gereicht.

Am Rande sei erwähnt, dass der Internet-Händler Amazon seit geraumer Zeit Dinge rausschickt, **bevor** sie bestellt sind. Zwar natürlich nicht zum Endkunden, aber immerhin in ein Auslieferungslager, was näher am Kunden liegt. Amazon berechnet also im Voraus, was Du nach Deinem Nutzerverhalten in den nächsten Tagen wohl bestellen wirst und verlegt die Teile schon mal in Deine Region. Wem sich da nicht die Nackenhaare stellen, der ist wohl schon ziemlich abgebrüht.

Hast Du von dem Mädchen gehört, was in der Familie Ärger bekommen hat, weil sie plötzlich mit Werbung und Werbegeschenken für Baby-Sachen überhäuft wurde? Sie hatte echt Stress daheim, obwohl sie sicher war, dass es sich nur um eine Verwechslung handeln konnte.

War es aber nicht! Sie wusste nur noch nicht, dass sie schwanger war. Ihr Nutzerverhalten, d.h. die Seiten und Interessen, ihr Alter, also ihr ganzes Auftreten im Internet waren einfach zu typisch für eine junge Schwangere. Google hat das vor ihr erkannt. **Unheimlich, oder?**

Und Du findest es schon seltsam, wenn Amazon Dir ständig Bücher vorschlägt, die Du angeblich gerne lesen würdest. "Wer dies gekauft hat, kauft auch gerne…".

Soweit so gut. Nutzerverhalten und passender Suchauftrag ist damit geklärt.

Stellschraube Nr. 2: Fundstücke bewerten

Da es zwei Stellschrauben gibt, geht's jetzt um die Schraube Nummer zwei. Und da ist die zu lösende Aufgabe noch schwieriger in den Griff zu bekommen – viel schwieriger.

Das Problem, das sich jetzt auf der "Finden"-Seite auftut, ist deshalb so groß, weil es da auch quasi **unendlich viele Fundstücke** gibt. Und diese sollte alle angeschaut und nach irgendeinem Raster bewertet werden. Es nützt Dir ja nicht viel, wenn Du auf Deine Suchanfrage 1.300.000 Treffer angezeigt bekommst. Mit dem Hinweis, Dir gefälligst etwas Passendes heraus zu picken. Da hättest Du ja gleich selber losziehen können.

Was also tun? Wenn Dein Such-Agent wüsste, welche Fundstücke "besser" also qualitativ hochwertiger als andere sind, dann wären wir ja schon einen großen Schritt weiter.

Aber an den Funden hängen ja keine kleinen, bunten Zettel dran mit einer Benotung von 1 – 1.000.000.

Im Gegenteil: Die Fundstücke sehen alle auf den ersten Blick ähnlich aus. Na, dann muss Dein Suchhund eben **alle** Fundstellen beschnüffeln, d.h. die Dateien öffnen, **alle Texte** komplett durchlesen und **alle Bilder** anschauen. Und dann bewerten und mit Deinen Suchwünschen abgleichen.

Der Suchhund ist ja bekanntlich extrem schnell.

Die Wahrheit ist leider: **Ganz so schnell ist der nun auch mal nicht**.

Ganz einfach, weil die Menge an Daten und an Inhalten viel zu schnell wächst.

Niemand kann, schon gar nicht in wenigen Sekunden, die Texte auswerten und die Bilder vergleichen. Geht nicht. Ist einfach zu viel Kram.

Du kannst auch in der Leih-Bibliothek nicht davon ausgehen, dass alle Angestellten alle Bücher komplett gelesen haben, um Dich zu beraten.

Also doch: Kleine, bunte Zettel

Die Lösung: Steht schon weiter oben: kleine, bunte Zettel! Mit Bewertungen für die Seite und ein paar wenigen, aber inhaltsschwangeren Angaben zum Objekt.

So weit, so gut. Klingt vernünftig, aber auch nach ziemlich viel Aufwand.

Dazu kommt jetzt noch eine ganz besondere Eigenschaft des Internet: **Die dezentrale Struktur!** Das bedeutet folgendes: Die "Macher" des Internet haben in den 60er-Jahren ganz bewusst **auf ein komplett offenes System gesetzt**. Hintergrund war damals, dass das Ganze sicherer und unkaputtbarer wird, wenn es kein Zentrum, keine Verwaltungsstruktur und keine Zentrale gibt. So konnte man sicher sein, dass niemand das komplette System aushebeln konnte, wenn er nur die Zentrale lahm legte.

Es gab ja keine!

Das heißt aber auch, dass jeder Teilnehmer seine Inhalte einfach ungeprüft ins Netz stellen kann.

Er oder sie muss **keinen Antrag stellen und seine Botschaft genehmigen oder bewerten lassen**. Und da haben wir das Schlamassel!

Die Texte, Bilder, Videos, Kataloge, Botschaften, Meinungen – einfach alles – kommt ins Netz OHNE dass jemand das bewertet, einteilt und den oben beschriebenen bunten Zettel dranhängt.

Schöne, offene Welt also: Die Doktorarbeit über Makro-Ökonomie steht friedlich neben einem Video, wo sich mehr oder weniger berühmte Menschen einen Eiskübel über den Kopf schütten.

Und von außen sind die erstmal gleich viel wert – es gibt bei Veröffentlichung ja keine Einteilung oder Beurteilung. **Von wem auch?**

Suchmaschinen als Bewertungsmaschinen

Aber auch für dieses Dilemma fand sich eine technische Lösung.

Die Suchmaschinen, allen voran natürlich Google, mussten **eine eigene Bewertungsmöglichkeit** erfinden! Und taten das auch ganz schnell. Ich kann jetzt hier nicht zu sehr auf das wahnsinnig komplexe Themen der Suchmaschinen-Optimierung (SEO) eingehen. Auch wie der sogenannte Pagerank, also die Seiten-Bewertung von Google funktioniert, kann ich nicht erklären. Das kann keiner wirklich ganz genau, außer Google.

Und die halten das noch geheimer, als eine berühmte Brause-Firma das Rezept für Coca-Cola. Angeblich werden mehr als 200 Faktoren und Eigenschaften der Website dabei berücksichtigt.

Zum Verständnis für das Weitere ist aber eine kleine Schnell-Übersicht hilfreich:

Anfangs war es relativ einfach: Sobald eine neue Seite online ging, wurde das an die Suchmaschinen (die ständig so was wie Roboter im Netz rumflitzen haben) gemeldet. Die Überschrift und der Untertitel wurden gelesen, der Rest grob überflogen. Wenn Du jetzt bei einer Suchanfrage z.B. das Wort „Holzdübel“ eingegeben hattest, wurden Dir Seiten vorgeschlagen, bei denen genau dieses Wort in der Überschrift, im Untertitel und möglicherweise noch ein paarmal im Text vorkam.
Was dazu führte, dass die Seiten manchmal eher für Suchmaschinen als für echte Menschen geschrieben wurden – ein Text, in dem acht Mal das Wort „Holzdübel“ vorkommt, muss ja irgendwie seltsam klingen. Sogar für Tischler und Schreiner.

Die Suchmaschinen wollten immer besser werden. Aber mit der zunehmenden Fülle der Inhalte im Internet wurden die Treffer leider immer ungenauer. Die nächstliegende Lösung war folgende: Man dachte mal wieder an ein über Jahrhunderte erprobtes System: **Was vielen gefällt und was viele Leute immer wieder kaufen, lesen und worüber dauernd positiv geredet wird, das kann ja nicht ganz verkehrt sein!**
Wir laufen ja auf dem Marktplatz auch zu dem Stand, an dem schon viele Leute stehen. Wenn uns von diesem Punkt auch noch Menschen mit einem zufriedenen Lächeln entgegen kommen, dann sind wir fast sicher, dass wir da nichts verkehrt machen.

Viele Kriterien - Schlüsselwörter reichen nicht mehr!
Und genau so funktioniert das eben auch bei der Suchmaschine im Internet: Die Seiten werden **nach vielen**

Kriterien bewertet. Ein ganz wichtiger Punkt ist hier z.B. wieviel Besucher die Seite hat.
Ob die Seite von anderen Seiten empfohlen, d.h. verlinkt wird. Wie lange die Besucher auf der Seite bleiben. Es wird auch die Qualität des Textes untersucht. Wer also schlecht schreibt und alles vollstopft mit Suchbegriffen und Werbung, der wird ganz schnell nach hinten durchgereicht.
Wenn es vor ein paar Jahren gereicht hat, den Ortsnamen, den Firmennamen und ein paar Schlüsselwörter ziemlich prominent zu platzieren, dann ist das heute zu wenig.
Die Suchmaschinen sind nämlich auf der Seite der Suchenden und eben nicht auf Seiten der Anbietenden!

Es werden Dir deshalb immer öfter Seiten angezeigt, die genau Deiner Suche entsprechen. Aber gleichzeitig auch einen gewissen Standard erfüllen. Und zwar in punkto Qualität, Inhalt und vielen anderen Sachen.
Ein Internet-Auftritt, der dem Besucher **viel Nutzen** bietet, wird entsprechend öfter besucht.
Wenn jetzt noch viele Menschen diese Seite **weiterempfehlen** oder oft erwähnen, dann wird diese Seite entsprechend "gut" angezeigt. Und "gut" heißt in dem Zusammenhang: **Weit oben bei den angezeigten Treffern**. Wer erst auf Seite drei oder 20, also unter "ferner liefen" auftaucht, der wird so gut wie nie angeklickt. Und dadurch geht's natürlich noch mehr abwärts.
Eine Seite, auf der sich viel tut, viel ändert und auf der aktuelle Themen aufgegriffen werden, ist für die Suchmaschinen logischerweise auch attraktiver.
Einer Seite, die seit fünf Jahren unverändert vor sich hin existiert, traut einfach niemand zu, dass darauf besonders umwerfende Neuigkeiten zu erfahren sind.

Der Inhalt zählt

Jetzt kommen wir dem Rätsel und des Rätsels Lösung schon bedeutend näher!

Niemand weiß ganz exakt, wie eine Suchmaschine tickt, und oft genug wird das auch ohne Vorwarnung über Nacht einfach mal geändert.

Was allerdings ganz klar ist und auch von allen SEO-Spezialisten (das sind die Leute, die Dich auf Google ganz nach vorne bringen können, oder es zumindest versuchen) so gepredigt wird: **Wenn Du im Internet gefunden werden willst, dann musst Du wertvolle Inhalte und Nutzen für Deine Besucher bieten!**

Geht nicht anders! Außer mit viel Geld für zusätzliche Werbung, aber das ist nochmal ein ganz anderes, interessantes Thema.

Dein Internet-Auftritt macht also nur Sinn, wenn er potenziellen Kunden und Interessenten bei einer Google-Suche **unter den ersten Treffern** angezeigt wird. Und das hängt von vielen Faktoren ab. Immer jedoch von der Qualität, der Aktualität und der Aussicht, auf Deiner Seite **etwas Sinnvolles zu erfahren.**

Sollen wir mit diesem neuen Wissen **nochmal kurz auf den Marktplatz schauen?**

Die Suchhunde flitzen herum und sammeln für Dich Tipps und Empfehlungen, die sie Dir innerhalb von Sekundenbruchteilen anzeigen wollen. Aber sie sammeln **nicht mehr wahllos Tipps und Möglichkeiten**, so wie früher.

Also nicht mehr nach dem Motto: Wer zehn Mal das Wort „Blauwal“ in Überschrift und Text hat, ist automatisch ein Wal-Experte. Nein, die sind viel schlauer geworden: Sie hören mittlerweile dem ganzen Gerede und Gequatsche auf dem Markt ganz genau zu.

- Wer empfiehlt welchen Händler?
- Wer war mit einem Restaurant unzufrieden?
- Über welchen Anbieter wird an allen Ecken und Enden gesprochen?
- Wer kann gute Empfehlungen geben?
- Wem hören die Menschen gerne zu und bei wem kommen sie auch immer wieder vorbei?
- Was sind die Hot-Spots, also die ganz heißen Tipps?

Und wer berichtet und beschreibt und diskutiert schon lange erfolgreich über Blauwale?

Wie aktiv bist Du im Internet?
Na – wird Dir jetzt einiges klar?

Wie oft hast **Du** in den letzten Wochen und Monaten **aktiv**, also wirklich selber, etwas **zu genau Deinem Thema** im Internet veröffentlicht?
Hast Du **einen Blog-Artikel** (Blog erkläre ich später) zu einem Problem oder einer Lösung geschrieben?
Hast Du in einem öffentlichen Forum **Deine Meinung** oder **einen Rat** zum Besten gegeben?
Hast Du Meinungen und Aussagen von anderen kommentiert, zugestimmt oder widersprochen?
Hast Du wenigstens **auf Deiner eigenen Seite** immer mal wieder etwas überarbeitet? Etwas **Neues** eingestellt, neue Fotos, einen Bericht über die Gesellenprüfung oder einen tollen Auftrag?
Hast Du? Wirklich? Gut! Super! Weitermachen!

Wahrscheinlich hast Du Dich aber verhalten wie über 90% der Handwerker und Kleinbetriebe.
Du hast Dich, zumindest was das Geschäftsleben angeht, **eher passiv durchs Netz geschlängelt**.
Du hast konsumiert, also gelesen, Dich informiert, zugeschaut und alles stillschweigend genossen. Oder Dich geärgert….
Egal! Worauf ich hinaus will ist folgendes:
Du hast Dich gegenüber anderen Menschen im Internet nicht als Experte hervorgetan!

Hast Du "Nutzen" gestiftet?
Du hast keinen "Nutzen" für irgendwen gestiftet!

Und Du wurdest deshalb auch von niemandem in eigenen Beiträgen erwähnt.
Du wurdest dann logischerweise auch nicht weiterempfohlen. Da ist das Internet kein bisschen anders als das echte Leben.

Es gibt laute und leise Menschen – es gibt sichtbare und unsichtbare Leute. Du warst bisher, was Dein Geschäft angeht, wahrscheinlich einer von der stillen Truppe.

Und was das für Deine Attraktivität bei den Suchmaschinen heißt, habe ich ja schon beschrieben: Wer nicht sichtbar ist, an dem rennen alle vorbei. Nur wer über sich redet, und **sich ins rechte Licht rückt**, zu dem kommen Besucher. Und wenn Du dann noch dafür sorgst, dass die Besucher glücklich und zufrieden sind, und das überall herum erzählen: **Dann hast Du so gut wie gewonnen!**

So, lieber Leser, jetzt bitte nicht verzweifeln!
Also nicht verzweifeln, wenn Deine Homepage Deinen potenziellen Kunden nicht mehr von den Suchmaschinen angezeigt wird. Zumindest nicht auf den ersten 10 Seiten. Und damit im sichtbaren Bereich – alles weiter hinten liest wirklich kein Mensch.

Exkurs: Und jetzt bitte nicht den Fehler machen, und an **Deinem** Rechner zum x-tem Mal nach genau Deiner Firma googeln. Wir wissen ja, dass "Deine" Suchmaschine schon vorher weiß, dass Du nach DIR suchst. Wenn Dein Nachbar den gleichen Suchbegriff eingibt, siehst Du ein wahres und mieseres Ergebnis. Also: Ruhig mal mit einer Flasche Wein zum Nachbarn laufen und von dessen Rechner aus suchen! (Ich weiß, dass das auch technisch an Deinem Computer simuliert werden kann... mir gefällt aber der Gedanke an etwas mehr Kontakt zum Nachbarn.)

Du hast natürlich trotzdem Besucher auf Deiner Seite.

Es gibt ja noch Deine Visitenkarte, Dein Geschäftspapier, Dein Firmenfahrzeugen, Zeitungs-Annoncen, E-Mail-Absender usw. wo Du Deine Internet-Adresse verblasen kannst. Und viele Menschen, die dann die Adresse eintippen oder ganz gezielt nach Dir suchen. Das sind zwar oft (s. Visitenkarten und Geschäftspapier) schon Kunden von Dir. Es kann aber nicht schaden, wenn sie auf Deiner Seite sehen, was Du noch so alles im Angebot hast, und dass sie bei Dir gut aufgehoben sind.

Und dass es Dich noch gibt.
Kein Witz – das ist tatsächlich so.

Nicht sichtbar - nicht vorhanden?
Exkurs: Vor zwei Jahren hatte mich eine Architektin angerufen um über einen Auftrag zu sprechen. Eigentlich wollte sie die Arbeiten bei einem Kollegen von mir, (einem Namensvetter) ausführen lassen. Sie hat dann nebenbei erwähnt, dass diese Firma ja leider nicht mehr existiert. Was mich sehr verwundert hat, denn bei meinem Kollegen und seinem Laden lief es zu der Zeit ganz ordentlich. Und dann kam auch schon die Auflösung: Die gute Frau hatte im Internet nach der Firma gegoogelt und leider **überhaupt nichts** gefunden. Überhaupt gar nichts – niente!
Keine Homepage, kein Anzeichen auf Google-Maps, kein Eintrag in einem Branchenbuch. Und da war für sie dann klar: Wer nicht im Internet "ist", den gibt es auch nicht (mehr). Gut für mich – dumm gelaufen für meinen

Kollegen. Mittlerweile gibt es auf seinem Geschäftspapier immerhin eine E-Mail-Adresse. Und zwar bei web.de… Ein erster zarter Schritt in die richtige Richtung.

Was haben wir gelernt?

Fassen wir das letzte Kapitel hier noch einmal zusammen:

Wenn Du im Internet nach einer Firma, einem Bekannten, einer Adresse usw. suchst, dann machst Du das nicht selber. **Dafür gibt es die sogenannten Suchmaschinen.**

Über 90% aller Besucher kommen über Suchmaschinen auf Deine Homepage.
Die allermeisten davon über Google.

Die angezeigten Treffer werden immer besser zu dem passen, was Du tatsächlich auch suchst
Weil Dein „Suchhund" Dich immer besser kennt und weiß, was Dich umtreibt, was Du willst und wer Du bist.
Weil die Treffer nach Qualität beurteilt werden. Wer beliebt ist, oft zitiert wird und viel Aktuelles und Nützliches von sich gibt, der hat einen besseren Rang. Und wird Dir deshalb auch viel lieber und öfter von Suchmaschinen vorgeschlagen.

Soweit unser Blick hinter die Kulissen. Es ist einfach nützlich zu wissen, wie das Ganze funktioniert.

Du bist entweder ein **"normaler" Nutzer** im Internet und suchst nach nützlichen Informationen. Dann solltest Du auf jeden Fall einigermaßen wissen, wie die Zusammenhänge sind. Dann ärgerst Du Dich auch nicht mehr über gezielte Werbung. Du bist nicht mehr so sauer auf Google, weil da angeblich Deine Daten verkauft werden. Dein Suchhund bietet Dir einfach Sachen an, von denen er glaubt, dass sie zu Dir passen. Dass für Internetwerbung jährlich Milliarden ausgegeben werden, und dass das Wissen über Deine Vorlieben und Hobbies ganz gezielt eingesetzt wird, ist einfach so. Du solltest das immer im Hinterkopf behalten und trotzdem objektiv und offen bleiben.

Auf der anderen Seiten willst **Du selber als Unternehmer**, z.B. als Handwerker mehr ins Bewusstsein Deiner Kunden kommen und dadurch mehr Aufträge bekommen. Auch dann musst Du Dich an die gleichen Spielregeln halten.

Du kannst natürlich nicht von Google die Daten von möglichen Kunden kaufen. Aber Du weißt jetzt, wie das heutzutage auf dem Marktplatz funktioniert. Und kannst Dich entsprechend verhalten.

Und Du weißt jetzt auch, dass es nicht mehr reicht, "im Internet zu sein" – Du musst da nämlich auch etwas tun und Dich aktiv zeigen.

Und das geht heute einfacher als je.
Und damit wären wir beim nächsten großen Thema:

6. Die sozialen Medien

Absolut dagegen oder mitspielen?
Beim Internet an sich konnten wir uns noch einigermaßen auf Vor- und Nachteile einigen. Und auch für uns in der Entwicklung irgendwie einen Sinn erkennen.
Was die sozialen Medien angeht, wird das jetzt schwieriger.

Wenn Du es Dir als Unternehmer an dieser Stelle einfach machen willst, kannst Du Dir aus folgenden Möglichkeiten eine aussuchen:
A. „Soziale Medien sind nichts für mich, so einen Firlefanz lehne ich komplett und konsequent ab!"

B. „Soziale Medien nutze ich zwar, aber REIN PRIVAT! Und mein Privatleben geht im betrieblichen Bereich niemanden etwas an!"

- Wenn Du Dich gut informiert hast und für Dich eine der beiden Varianten zutrifft: Dann kann ich Dich verstehen. Viele Firmeninhaber und Handwerker sind genau mit dieser Einstellung unterwegs. Und sind gar nicht unglücklich damit.

- Wenn Du **Dich gut informiert hast**, und deshalb weißt, dass Soziale Medien heute auch **im Handwerk einfach dazu gehören**: Dann kann ich Dir nur zustimmen! Und Dir vielleicht **zur Bestärkung noch ein paar Tipps geben**.

- Wenn Du Dich allerdings noch **nicht** informiert hast, und genau deshalb **keine** begründete Meinung hast: Dann bist Du ein Mensch, für den ich diesen ganzen Sermon hier aufgeschrieben habe!

Mein Ziel-Leser sozusagen.

Was sind „soziale Medien"

So, ein letztes Mal werde ich den armen, hinkenden Vergleich mit dem Marktplatz vom letzten Kapitel bemühen. Versprochen.

Wir können so nämlich einigermaßen einfach klären, was **"Soziale Medien"** eigentlich sind.

Soziale Medien sind die Orte auf dem Markt, wo die Leute miteinander und übereinander ins Quatschen kommen.

Du benutzt "soziale Medien", **wenn Du aus Deinem Ladengeschäft, Deinem Marktstand raus kommst**. Du fängst dann an, Dich in Diskussionen **einzumischen**, Themen und **Ideen vorzustellen** und **Dich zu präsentieren**. Wenn Du es gut anstellst, dann kannst Du Dich genau hier und jetzt in ein ziemlich gutes Licht stellen. Als sympathischen und schlauen Experten nämlich.

Das Licht wird endlich unter dem Scheffel hervor gekramt und durch die Menge getragen.

- **Erzähle von Dir**.
- Von Deiner Firma
- Deinen Mitarbeitern
- Deinen tollen Aufträgen
- Zeige Leuten, wie etwas geht, und wie Du ein fachliches Problem lösen würdest.

- Ermuntere Menschen dazu, etwas Positives über Dich zu erzählen und bedanke Dich höflich dafür.
-

Du hast sicher schon im dem letzten Abschnitt etwas ganz klar erkannt: Es **nützt überhaupt nichts,** sich bei irgendeiner Plattform wie Facebook, Twitter, Pinterest usw. anzumelden **und dann nichts mehr tun**.

Es gibt nicht wie beim Sportverein eine "**passive Mitgliedschaft**". Du kannst also nicht einfach einen Jahresbeitrag bezahlen und dann hoffen, dass die Soziale Medien irgendetwas für Dich tun werden. Wir haben ja gesehen, wie das neue Internet funktioniert.
Die Basis ist das Machen. Das Miteinander. Der Austausch.

Das Gute daran: **Der Erfolg ist nicht vom eingesetzten Kapital abhängig**. Es ist vielleicht schon so, dass große Firmen viel Geld für Social Media in die Hand nehmen. Aber das führt eben **nicht automatisch** dazu, dass die Menschen mehr und vor allem positiv über diesen Laden reden.

Du solltest gute Inhalte liefern und immer mal wieder etwas Interessantes über Dich und Deine Firma berichten. Dann bist Du für ganz kleines Geld oder sogar für umme bald in aller Munde.
Zumindest bei den Menschen, die Du erreichen willst.

Die Firma macht sich fit für den großen Auftritt
Was unterscheidet nun einen "Auftritt" in den Sozialen Medien von der bisher gekannten Praxis von Werbung?
Eine Firma egal welcher Größe, besteht im Wesentlichen aus **folgenden Abteilungen und Funktionen:**

- Geschäftsführung = bestimmt wo es lang geht, entwickelt Visionen
- Forschung und Entwicklung = treibt neue Ideen voran
- Einkauf = sorgt dafür, dass Material zum richtigen Zeitpunkt verfügbar ist
- Produktion = fertigt, baut, produziert
- Marketing, Öffentlichkeitsarbeit = macht die Firma und die Produkte bekannt und sorgt für Nachfrage
- Verkauf, Vertrieb = berät Kunden, kümmert sich um Vertriebswege, sorgt für den nötigen Umsatz
- IT-Abteilung = sorgt für reibungslosen Datenfluss und betreut Programme und Internet-Seiten
- Personal-Abteilung = sucht Mitarbeiter, stellt ein und kümmert sich um Personalfragen, Kündigungen, Urlaub etc.

Diese Liste ist natürlich ziemlich grob und vom Hausmeister über die Buchhaltung etc. gibt es sicher noch viele wichtige Menschen, die hier nicht erwähnt sind.

In einem kleinen Handwerksbetrieb oder gar einem Start-Up werden viele Funktionen **gleichzeitig von einem oder wenigen Menschen ausgefüllt**. Erledigt werden müssen auf jeden Fall alle diese Arbeiten von irgendwem.

Nächste Frage: **Wer von diesen Abteilungen hat direkten Kundenkontakt?**

Die Marketingabteilung? Ja, schon irgendwie, aber jedenfalls eher passiv. Sie entwirft Anzeigen, Prospekte, evtl. die Website und hofft, dass sich die Kunden angesprochen fühlen.

Die Geschäftsleitung? Je nachdem, je nach Betriebsgröße und Aufgabenverteilung. Manchmal kümmert sich z.B. der Chef nur um ausgewählte Kunden.

Die Verkaufs-Abteilung: Ja, ganz klar! Da sind die Mitarbeiter "direkt an der Front", also jeden Tag mit den Kunden im Gespräch. Sie nehmen Bestellungen entgegen, beraten bei Fragen und hören sich auch mal Beschwerden an. Oder Verbesserungsvorschläge.
Ganz nah am Kunden! Sie repräsentieren nach außen die komplette Firma und sind dauernd bemüht, einen möglichst guten Eindruck zu machen.
Und wenn die Chemie zwischen einem großen Kunden und dem zuständigen Innen- oder Außendienst-Mitarbeiter so gar nicht stimmt? Was nützen dann all die netten und kompetenten Kollegen in der Buchhaltung, der Forschung oder der Produktion?

Ziemlich wenig, denn der Kunde sieht nur die Menschen, **mit denen er direkt und persönlich zu tun hat.**

Geschäfte werden nämlich immer zwischen Menschen gemacht.
Das war schon früher so und gilt nach wie vor.

Dein Unternehmen, der Eisberg

Um noch einmal einen anschaulichen Vergleich zu plagen: Die Firma ähnelt einem Eisberg: **10% ragen über die Wasserfläche** und sind weithin sichtbar. Das ist die **Verkaufsmannschaft**, unterstützt im Hintergrund von den Marketing-Leuten. Darunter dümpeln noch **90% Leistung der Firma** mit Anspruch, Zuverlässigkeit, Qualität und guten Ideen.
Am Stand auf einer Fachmesse sprichst Du auch eher mit einem Menschen aus der Verkaufsabteilung. Und wenn er oder sie Dir das Produkt und die tollen Leistungen der Firma nicht gut erklären kann, dann nützt auch die wahnsinnig innovative Entwicklungs- und IT-Abteilung nichts. Und auch nicht die moderne Produktion und der nette Hausmeister.
Die sind nämlich auf dem Messestand nicht dabei, und für Dich auch nicht sichtbar.

Wenn wir schon mal wieder einen Vergleich bemüht haben, dann machen wir doch mit diesem schönen Bild weiter!
Wenn Du Dich und Deine Firma ernsthaft auf die "Sozialen Medien" einlässt, passiert folgendes: (Trommelwirbel! Tusch! Spot an!)

Der "Eisberg Firma" erhebt sich jetzt allmählich aus dem Meer!

Der Eisberg muss auftauchen
Physikalisch natürlich totaler Blödsinn – aber als Bild ganz nett.

Plötzlich sind alle Abteilungen und fast alle Mitarbeiter **SICHTBAR**! Produktion, Entwicklung, Geschäftsführung, ja sogar die Buchhaltung und der neue Praktikant... Alle stehen im Scheinwerferlicht und genießen die Aufmerksamkeit einer staunenden Kundenschar.

Das Projekt **"Eisberg auftauchen lassen"** funktioniert natürlich nicht über Nacht. Du brauchst dafür **Geduld**, einen langen Atem und **Überzeugungskraft innerhalb der Firma**. Einige Mitarbeiter waren bisher nämlich mit ihrem Unterwasser-Dasein ganz zufrieden und wollen gar nicht an die Sonne.

Versetzen wir uns aber einmal in die Position Deines Kunden: Er will etwas kaufen oder sich sogar längerfristig an eine Firma binden. Er hat die Auswahl zwischen verschiedenen "Eisbergen". Auf jedem davon stehen hochmotivierte Verkäufer und preisen die Leistung und die vielen Vorzüge gerade ihres Eisberges an.
Kann man glauben oder nicht. Du als Kunde hast ja auch schon einige Erfahrungen und weißt, dass nicht alles Eis ist, was schmilzt.

Aber dann siehst Du plötzlich einen Anbieter, der im wahrsten Sinn aus dem Meer, bzw. **aus der Masse herausragt**. Du musst nicht blind den Versprechen der Verkäufer glauben – nein, Du siehst die ganze Firma vor Dir.

- Du siehst, wie professionell die Abteilungen zusammenarbeiten.
- Du erkennst einen modernen Führungsstil mit Augenmerk auf zufriedene Mitarbeiter.
- Du lernst die Menschen kennen, die an neuen Produkten und Verbesserungen tüfteln.
- Du kannst einzelnen Arbeitern über die Schulter schauen und auch mal live bei einer Materialprüfung dabei sein. Und:
- Du kannst vor allem mit vielen anderen Kunden ins Gespräch kommen und ganz direkt an deren Erfahrungen teilhaben.

Welchen Anbieter würdest Du wählen?

Das Marketing durchdringt die Firma

Wir hatten uns vorhin gefragt, welcher Teil der Firma direkten Kundenkontakt hat.
Das waren bisher fast ausschließlich die Leute im Verkaufsteam. Mit dem neuen Konzept der Sichtbarkeit **bekommt der Kunde oder Interessent nun Kontakt und Zugang zum kompletten Laden!**
Bisher war ein **gutes Ergebnis bei der Gesellenprüfung** allenfalls eine Erwähnung auf der Belegschafts-Feier wert. Jetzt ist das **ein Aufhänger für das Marketing** und wird auf verschiedenen Kanälen in die Welt posaunt. Ein kleiner Mosaikstein nur, aber wichtig für das Gesamtbild des Unternehmens.

Was war bisher mit **Kunden-Reaktionen**?
Der Kunde schrieb einen lieben Brief und bedankte sich für nette Beratung und professionelle Ausführung.

Diese Botschaft erreichte vielleicht noch nicht einmal innerhalb der Firma die Leute, die es betraf. Der Verkauf hat sich gefreut und das Schreiben eventuell noch dem Chef gezeigt.

Ab jetzt wird der Kunde sofort gefragt, ob er etwas dagegen hat, **seinen Dankesbrief zu veröffentlichen**. Vorausgesetzt er erlaubt die Verwendung: Dann nichts wie ab damit in einen Blog-Artikel, einen Twitter- oder Facebook-Post, damit möglichst viele Menschen das lesen!

Kapiert wie es läuft? Werbung auf oder auch nur Teilnahme im "Sozial-Media-Club" **erfordert ein Umdenken**.

Eine neue Struktur und eine andere Einstellung zur Firmendarstellung.

Es heißt jetzt nicht mehr: "Ihr schaut, dass der Laden läuft und wir machen dafür Werbung". Ab jetzt gilt: Jeder sorgt in seinem Bereich für eine tadellose Leistung und hält die Augen auf. Und zwar nach allem, was die Menschen "draußen" interessieren könnte und was sich lohnt, an die Öffentlichkeit zu kommen.

Und das ist wirklich einiges!

Die Marketingabteilung ist nicht mehr isoliert

Die Marketingabteilung ist jetzt aber nicht etwa überflüssig geworden – sie arbeitet nur nicht mehr isoliert an Anzeigen-Kampagnen und an einer perfekten Außendarstellung.

Nein – **sie streift jetzt durch den ganzen Betrieb** auf der Suche nach Stories und Geschichten. Die Kunden wollen den Blick auf das ganze Unternehmen und den sollen sie auch bekommen.

Bisher hat die örtliche Zeitung zu einem Firmenjubiläum bei Dir angerufen, und gefragt, ob sie einen Mitarbeiter vorbei

schicken kann. Obwohl es etwas Zeit und Aufwand gekostet hat, hast Du zugestimmt; und so war die Firma alle 10 oder 20 Jahre mal mit einem Zeitungsartikel in aller Munde.
Für einen Tag.

Jetzt nehmt Ihr Euch vor, mindestens **ein oder zwei Mal im Jahr** mit einem **redaktionellen Artikel** in der Presse zu erscheinen. Und Ihr sucht dafür regelrecht nach einem „Aufhänger". Das kann ein besonderes Kundenprojekt sein, der Jahrestag der Firmengründung, 10 Jahre Betriebszugehörigkeit eines Mitarbeiters. Vielleicht wird eine große Maschine **spektakulär mit Autokran** abgeladen und dafür die Straße für **sagenhafte 10 Minuten gesperrt**. Ein Tag der offenen Tür oder ein misslungener Einbruchsversuch – es findet sich in regelmäßigen Abständen etwas, was zu berichten wäre.

Jetzt rufst Du den Zeitungs-Mann an.
Merkst Du auch hier den Unterschied zur "**normalen Werbung**"? Es geht bei dieser **Pressearbeit nicht um Dein Produkt** oder um Deine Leistung. **Es geht ums Geschichtenerzählen**, um das Unternehmen, Euren Ruf und Euren Bekanntheitsgrad.
Und das funktioniert!

Wenn ein potenzieller Kunde eines Eurer Firmenfahrzeuge in seiner Straße entdeckt, dann muss er gleich daran denken, dass Ihr ja vor kurzem **Spielmöbel für den Kindergarten** gespendet habt. War ja schließlich groß in der Zeitung…
Wart Ihr nicht die Gerüstbau-Firma, die beim Stadtfest einen kulturellen Verein durch einen kompletten LKW mit Bauteilen und Planen so toll unterstützt habt? Stand doch so im Lokalteil zu lesen…

Und seid ihr nicht die Firma, die im letzten Monat einen tollen Auszubildenden für seinen 4. Platz auf Landesebene gefeiert hat? Das war doch überall zu lesen…

Dein Kunde hat immer die Wahl zwischen mehreren Angeboten und verschiedenen Firmen.
Es ist aber nur menschlich und nachvollziehbar, wenn er sich an den Handwerker oder den Dienstleister wendet, **von dem er eine gute Meinung hat**.

Den er schätzt und zu kennen glaubt.

Und das erreichst Du **nicht durch teuer bezahlte Werbeanzeigen in der Zeitung**. Sondern durch ein perfektes Erscheinungsbild nach außen und **viele kleine Puzzleteile in der Öffentlichkeitsarbeit.**

Als Handwerksbetrieb hast Du wahrscheinlich einen bestimmten Radius, in dem Du Deine Kunden findest. **Sorge einfach dafür, dass in diesem Gebiet die Menschen Dich und Deine Firma kennen.**
Und zwar nicht dem Namen nach und anonym. Die Leute sollen **ein Bild von Deinem Unternehmen** haben. Ein positives Bild. Sie sollen davon ausgehen können, dass sie nichts verkehrt machen, wenn sie Dich beauftragen.
Weil sie schon so viele sympathische und positive Sachen über Dich gehört und gelesen haben. Im besten Fall kommen sie schon beim Erstkontakt wie gute Bekannte oder sogar Freunde in Deinen Laden. Wenn das passiert, kannst Du Dich entspannt zurück lehnen, weil Du weißt, dass Du und Deine Mannschaft vieles richtig gemacht haben.
Ihr habt angefangen, die „sozialen Medien" richtig einzusetzen. Ein gutes Gefühl!

Ich fasse noch mal kurz zusammen, was wir bisher besprochen haben:

- Das Internet hat die Gesellschaft durchdrungen und geht auch nicht mehr weg

- **Das Internet 2.0 tickt anders** – die Menschen nutzen die neuen Möglichkeiten zum Austausch, zum Quatschen und zum Bewerten

- Deine Kunden verbringen **viel mehr Zeit im Internet als früher**, zum Großteil auf Plattformen wie Facebook etc.

- Wenn Du Deine Kunden auf Dich aufmerksam machen und mit ihnen ins Gespräch kommen willst, dann musst Du **dahin, wo sie sich aufhalten** – und sie genau da treffen

- 80% der Besucher auf Deiner Website kommen über Suchmaschinen

- Suchmaschinen ticken auch anders als früher: Gefunden wird, wer **gute Inhalte** liefert und sich selbst im Netz sichtbar macht

- Wenn Du Deine Kunden und Interessenten auf Dich aufmerksam machen willst, dann muss Dein Eisberg raus aus den Fluten. **Nur wer sichtbar ist, wird gesehen**

Eine **gute Pressearbeit ist ein erster Schritt** in diese Richtung. Zwar offline, also noch nicht im Netz – aber eine gute Methode, um sich positiv abzusetzen
Bevor es jetzt aber zu theoretisch und langweilig wird, schauen wir uns die Angelegenheit einmal in der Praxis an.
Im folgenden Kapitel werde ich verschiedene Möglichkeiten ansprechen, wie man dieses "sichtbar werden" im Internet erreichen kann. Der Ausflug über den Marktplatz und den Besuch bei Eisbergen hilft uns dabei.

Du wirst jetzt besser verstehen, warum etwas funktioniert und was es zu beachten gilt.

Um zu viele Hoffnungen nachher nicht enttäuschen zu müssen, hier schon mal ein Hinweis: Die Themen "Social Media", Internet-Marketing, Content-Marketing usw. sind sehr komplex. Es würde den Rahmen dieses Buches sprengen, wenn ich auf alle Möglichkeiten hier **sehr genau** eingehen würde. Ich kann hier also keine „Bedienungsanleitung" für Facebook oder das todsichere Rezept für erfolgreiche Blogs oder etwas in der Art liefern.
Ein guter Trost für Dich**: Es gibt zu jedem einzelnen Thema sehr gute Video-Tutorials, Blogs und E-Books, damit Du bei Bedarf an alle Informationen kommen kannst.**

Ziel der Ausführungen und Beschreibungen ist es**, Dir einen Überblick zu verschaffen**.
Eine Übersicht über ein großes und vor allem **sehr aktuelles Themenfeld**. Du sollst am Ende einfach wissen, was für Möglichkeiten es gibt.

Vielleicht auch schon entscheiden können, was für Deine Situation und **Deine Firma ein passender Einstieg sein könnte.**

Oder auch schlicht sagen: "War interessant, aber ich lasse da meine Finger von".

Da ich nicht weiß, auf welchem Wissensstand Du bist, werde ich wie schon in den vorgehenden Kapiteln, **eher weiter unten anfangen.**

Ich schreibe aus **Handwerkersicht für Handwerker.** Deshalb konzentreiere ich mich auf die Möglichkeiten, von denen ich denke, dass sie für Dich funktionieren können

.

Ich bin glücklich, wenn Du Deinen Horizont etwas erweitern kannst, und zukünftig mit geschärften Blick durch die digitale Landschaft laufen wirst.
Du kannst sicher nicht aus dem Stand gleich mehrere Kanäle und Plattformen perfekt anwenden. Muss auch nicht sein.

Im Anhang habe ich ein paar Seiten und Links für Dich zusammengestellt, wo Du Praxis-Beispiele und weitere wertvolle Tipps bekommen kannst.

7. Zielgruppe, Ziele und Vorgehen

Was zuerst zu klären ist

Zwei Fragen stehen am Anfang jeder Überlegung für einen eigenen "Auftritt" auf Facebook & Co.:

1. **Wo kannst Du Deine "Zielgruppe" im Internet antreffen**, also die Menschen, die Du für Dich gewinnen willst. Was treiben die so, wo verbringen sie ihre Zeit. Das ist wichtig, weil Du diese Menschen ja wie besprochen da abholen willst. Wie im echten Leben auch: wenn Du jemanden abholen willst, ist es ziemlich wichtig zu wissen, **wo und wann Du ihn antreffen kannst.** Nicht nur auf dem Bahnsteig.

2. **Was willst Du für Dich oder Deine Firma mit Deinem Engagement erreichen**. Das Ganze kostet Hirnschmalz, Zeit und eine gewisse Beharrlichkeit – **und deshalb soll ja auch etwas dabei heraus kommen.**

Bevor Du also in blinden Aktionismus verfällst, und Dich innerhalb von ein paar Stunden auf vielen verschiedenen Plattformen anmeldest: **Bitte kurz innehalten und das Ganze gezielt und ruhig angehen.**

Viele Fachleute empfehlen an dieser Stelle, **einen genauen Marketing-Plan** zu erstellen. Also sehr detailliert die Mittel, die Zeit, das Vorgehen und die Ziele zu planen und im Vorfeld zu fixieren.

Kann man so machen. Muss man nicht unbedingt.

Jedenfalls sind überlegen und einige Vorbereitungen nicht ganz verkehrt.

Das Internet und alles was damit zusammenhängt sind **sehr kurzlebig** und einem ständigem Wandel unterworfen. Du kannst also schlecht genaue Pläne und Strategien für die nächsten Jahre, eventuell nicht mal für die nächsten Monate aufstellen. Vielleicht sieht die Welt in einem halben Jahr schon etwas anders aus und Du musst darauf reagieren.
Trotzdem solltest Du diese **beiden wichtigen Fragen** für Dich beantworten!

Also **erstens** überlegen, **wo Du Deine Kunden am leichtesten treffen kannst.**
Es nützt Dir z.B. wahrscheinlich nicht viel, Dich auf **XING** mit 100 Menschen zu vernetzen. Diese Kontakte wohnen vielleicht sehr weit weg und sind in der gleichen Branche daheim. Du wirst da zwar interessante Informationen und viele Stellenanzeigen erhalten. Auch an Einladungen zu Vorträgen und Weiterbildungsmöglichkeiten wird es Dir nicht mehr mangeln. Aber wolltest Du das?
Wohl nicht. Der Fehler: XING ist eine Plattform, **wo sich Fachleute und Unternehmer austauschen.**
Du wolltest aber Leute erreichen, die drei Straßen weit weg wohnen **und demnächst ihr Dachgeschoss ausbauen wollen**.
Also viel Aufwand – wenig Erfolg.

Für Deinen Zweck wäre z.B. eine **Fanpage**, also eine **Firmen-Seite auf Facebook**, die bessere Wahl. Ganz einfach, weil Du genau dort auf Deine zukünftigen Kunden treffen wirst. Wenn sie nicht selber bei Facebook angemeldet sind, **dann auf jeden Fall viele ihrer Freunde und Bekannte.**

Also ganz wichtig: Überlegen, **wo sich Deine Zielgruppe aufhält**. Oder noch besser: Dein Umfeld und Deine Kunden einfach fragen. Und das geht z.B. in einer Rundmail – oder einem sogenannten Newsletter - relativ einfach.

Zur zweiten Frage: Überlege Dir genau, **was für ein Ziel Du mit Deinem "Auftritt" in den sozialen Medien erreichen willst**.
Wenn Du nicht weißt, wo Du hin willst, kannst Du natürlich auch zu keinem Zeitpunkt sagen, ob Du dem Ziel schön näher gekommen bist.

Mögliche Ziele könnten sein:

- **Bekanntheit und Ansehen** in der Zielgruppe erhöhen.
- **Mail-Adressen sammeln**, um später gezielt auf Aktionen, Angebote oder Veranstaltungen hinweisen zu können
- **Attraktivität bei zukünftigen Mitarbeitern** und Auszubildenden erhöhen – wird immer wichtiger!
- **Image ändern** – vielleicht bist Du nicht als Fachmann auf einem Gebiet bekannt, das Du zukünftig verstärkt bearbeiten willst.
- **Neue Kundenschicht erschließen**: z.B. verstärkt ein jüngeres Publikum, Senioren oder Firmen ansprechen
- Ein **neues Produkt einführen** und mit Deiner "Marke" in Verbindung bringen
- **Rückmeldung von Kunden** erhalten, um Deine zukünftige Ausrichtung besser ausrichten zu können

- Deine Internet-Seite **bei Google nach vorne bringen**, mehr Traffic und mehr Interaktionen auf Deiner Seite

Lies diese Aufstellung bitte jetzt nochmal aufmerksam durch!

Und mache Dir **Gedanken zu jedem einzelnen Ziel.**
Es sollte Dir spätestens hier an dieser Stelle ganz deutlich klar werden: Da steht ganz bewusst nicht einfach: "Mehr Umsatz - mehr Gewinn!". Das könntest Du mit Deiner "herkömmlichen" Werbung vielleicht auch erreichen.
Dein Einsatz im Bereich "Social Media" bietet viel mehr und gezieltere Möglichkeiten!
Und was sich in vielen Firmen beim Einstieg in diese Art der Kunden-Kommunikation noch gezeigt hat: Du beginnst (endlich) **nicht nur IN der Firma sondern vielmehr AN der Firma** zu arbeiten. Du machst Dir Gedanken darüber, wie Du in der Öffentlichkeit gesehen wirst.
Und wie Du gesehen werden willst.

Der Effekt ist nicht zu unterschätzen und wäre für viele Handwerksbetriebe schon für sich allein ein gutes Argument für einen Einstieg ins Social-Media-Marketing: Nachdem Du anfängst, den kompletten Laden für alle sichtbar zu machen tut sich auch "im wahren Leben" etwas: Du und Deine Mitarbeiter schauen jetzt nämlich **mit den Augen der Kunden** auf das, was Ihr so tut. Und darauf, wie das nach außen wirkt.
Und siehe da: Was als bloße Idee einer neuen Außendarstellung im Internet beginnt, **strahlt jetzt auf die Firma zurück**!

Die Mitarbeiter fragen nach **perfekter Berufskleidung**. Die Autos werden jetzt wöchentlich innen und außen geputzt - ja sogar eine schlichte Aufräum- und Putzaktion in den Werkstatt- und Ladenräumen ist jetzt **ganz bewusst Teil der neuen "Firmenkultur"**. Wenn Deine Gesellen immer öfter auf Fotos und Berichten von Kundenprojekten auftauchen, dann wollen sie da auch gut rüberkommen. Und stolz auf das sein können, was sie da jeden Tag so treiben. S

Sie fragen bald automatisch die Kunden nach einer "guten Bewertung", z.B. auf Facebook und tun deshalb alles, um diese Bewertung auch zu verdienen.
Und wenn Deine Mitarbeiter dann diese Berichte regelmäßig und gerne **auch in ihrem Freundeskreis teilen** und weiterverbreiten: **Dann weht ein neuer Geist durch die Firma.**

Du siehst: Es braucht vielleicht keinen detaillierten und schriftlichen Schlachtplan.
Aber mit konkreten Zielen vor Augen klappt das Projekt sicher viel besser.

8. Die Möglichkeiten

Wie versprochen werde ich auf den folgenden Seiten auf die verschiedenen, konkreten Möglichkeiten eingehen, die sich für einen Handwerksbetrieb im Bereich "Soziale Medien" bieten.
Mit dem Hintergrundwissen aus den vorangegangenen Kapiteln kannst Du die verschiedenen Kanäle jetzt für Dich sicher besser einordnen und bewerten.

8.1 Pressearbeit

Wir haben vorhin schon eine erste wichtige Möglichkeit angesprochen, wie Du Dich in der Öffentlichkeit bekannter machen kannst. Und zwar durch eine **gezielte Pressearbeit.**

Die Pressearbeit gehört nicht unbedingt auf den ersten Blick zu den **sozialen Medien**. Wenn wir an unseren aufgetauchten Eisberg denken, bist Du mit einem guten Kontakt zur Zeitung aber auf jeden Fall auf der richtigen Spur.
Es geht hier nicht mehr darum, in der Zeitung mit einer Anzeige unter 88 weiteren Anzeigen auf der "Sonderseite Bauen im Altbau" zu erscheinen.
Das war gestern. Kostet viel Geld und wenn Du ehrlich bist: Wie groß ist der Effekt? Machst Du das, weil Du Dir Aufträge erhoffst? Oder willst Du nicht hinter Deinen Mitbewerbern zurück stehen?

Und was ist mit **Weihnachtsgrüßen**?

Ich bin alle Jahre wieder total davon überrascht, dass in trauter Eintracht mehr als 300 Firmen Seite an Seite in der Tageszeitung ihren jeweiligen Kunden ein schönes Weihnachtsfest wünschen.
Und einen guten Rutsch…
Und sich artig für das Vertrauen im abgelaufenen Jahr bedanken…

Alter Verwalter! Geht’s noch langweiliger?

Ist das ernst gemeint oder eine gemeinsame Persiflage auf professionelle Kundenansprache? Wie ist in der Leserschaft der Zeitung das Verhältnis von Kunden zu wildfremden Menschen?
Gibt es wirklich keine Möglichkeit, **Deinen Kunden ganz persönlich zu danken?** Und mit ein paar passenden Worten die Zusammenarbeit und das Vertrauen zu würdigen?
Und dann noch, ganz ehrlich gemeint, eine ruhige und besinnliche Zeit und neue Kraft im Neuen Jahr zu wünschen?
Gibt es nicht?
Gibt es natürlich doch – macht aber viel mehr Aufwand und braucht etwas Kreativität.

So geht's besser
Ich bin sicher, dass es sich trotzdem lohnt, die zwanzig wichtigsten Kunden mit einem **persönlichen Schreiben** zu überraschen.
Anstatt sich bei zwanzigtausend völlig unbekannten Lesern für das "Vertrauen" zu bedanken.

Das einzige Argument für eine herkömmliche Werbeanzeige was ich hier verstehen würde, ist folgende, klare Ansage der Redaktion: "Ab und zu eine kleine Anzeige als Anerkennung der guten Zusammenarbeit im redaktionellen Teil…" Oder wie immer man solche Forderungen umschreiben will.
Also klipp und klar der Deal: Redaktionelle Berichte drucken wir am liebsten für Anzeige-Kunden! Das gibt's natürlich auch ab und zu und ist aus Sicht der Zeitungsmenschen auch ganz gut nachvollziehbar.

Aber dann bitte nicht in der Woche vor Weihnachten!
Sondern in der zweiten Januarwoche.
Eine originelle Anzeige mit den besten Wünschen für die erste Arbeitswoche oder den Neustart nach den Weihnachtsferien. Oder so was in der Art.
Oder sorge dafür, dass in der ersten "Saure-Gurken-Zeit" im Januar **ein positiver Artikel über Deine Firma** in der Zeitung steht – der hat viel mehr Wirkung als eine Anzeige unter tausenden.
Das Thema „Pressearbeit" erschöpft sich natürlich nicht bei der örtlichen Tageszeitung. Wie bei allen anderen Themen kann ich hier nicht zu sehr ins Detail gehen.
Es gibt jedenfalls gerade auch im Handwerk Erfolgsgeschichten von Firmen, die durch regelmäßige Artikel in verschiedenen Zeitschriften und Zeitungen sehr erfolgreich auf sich aufmerksam machen.

Was wird gedruckt?
Was ist dabei zu beachten? Du brauchst **ein Thema, das trägt und das interessiert**. Und dann musst Du einige Dinge wissen und herausfinden, was Redakteure von Dir lesen wollen. Für einen Pressetext gibt es sehr **genaue**

Regeln, an Du Dich halten musst, wenn Du es in die Zeitung schaffen willst.
Mit gut **geschriebenen und gehaltvollen Texten** rennst Du allerdings bei vielen Redaktionen offene Türen ein!
Der Grund dafür ist leicht verständlich: Durch den Wegfall von Werbekunden spüren Zeitungen und Zeitschriften seit Jahren einen **wachsenden Kostendruck**. Folge: Es wird an fest angestellten Mitarbeitern, Journalisten und Redakteuren gespart, wo es nur geht.
Die Zeitung lebt aber von ihrer **Aktualität und einer gewissen Menge an Inhalten**, sprich Artikeln.
Und jetzt kommst Du mit einem perfekt recherchierten und auch gut geschriebenen Bericht um die Ecke. Über eine Sache, die momentan öffentlich diskutiert wird!

Ein Beispiel gefällig?
Seit dem letzten Jahr gilt in Baden-Württemberg eine Pflicht zur Montage von Rauchmeldern auch in Bestands-Wohnungen.
Angenommen, Du verkaufst unter anderem auch Rauchmelder. Eventuell zufällig auch erst seit dem letzten Jahr – geschenkt!
Der zuständige Redakteur wird Dir um den Hals fallen, wenn Du einen schönen Bericht zum Thema verfassen und schicken würdest! Kein Witz – das spart ihm Zeit und füllt eine halbe Zeitungsseite. Zumindest mit einem schönen Bild vom Rauchmelder - oder von Dir…
Wie muss nun so ein Artikel aussehen?
Wie gesagt es gibt hier einige Regeln, an die man sich halten sollte. Wichtig ist schon mal **eine perfekte Überschrift**. Eine Überschrift die neugierig macht und zum Weiterlesen anregt. Also nicht "Rauchmelderpflicht in Baden-

Württemberg" sondern eher "**Die unscheinbaren Lebensretter**". Oder so ähnlich.
Danach kommt der sogenannte **Teaser**, quasi eine Zusammenfassung oder ein Überblick über das, was im Artikel dann ausführlicher folgt. Du kennst das ja vom Zeitungslesen: Der erste Abschnitt, manchmal auch fett gedruckt, sagt Dir schon mal, ob sich das Weiterlesen überhaupt lohnt. Die Sätze im Artikel sollten kurz und prägnant sein.
Wirklich kurz.
Und knapp.
Und natürlich in der dritten Person – so als hätte der Redakteur sich stundenlang mit Dir über das Thema unterhalten.

Sichtbar als Experte
Stelle Dich auf jeden Fall **als Experte** auf diesem Gebiet heraus!
Beispiel: „Wie Schreinermeister xy weiß, kann ein geübter Heimwerker die Rauchmelder auch selbst montieren. Für die Auswahl der Technik und die richtige Platzierung ist seiner Meinung nach allerdings **eine gute Beratung sehr wichtig.**"

Kapiert? **Expertenstatus** heißt das Zauberwort.
Und was zeigt Dir, dass Du zum Thema Pressearbeit alles richtig gemacht hast? Was wäre ein richtiger Knaller in Deinem neuen Nebenjob als Zeitungs-Schreiberling?

Der Chefredakteur ruft jetzt DICH an!
Und fragt, ob Du zu einem bestimmten Thema, für eine Sonder-Veröffentlichung etwas von Deinem wertvollen Wissen an die Leser abgeben würdest!

Oder bei einer Hörer-Aktion mal für zwei Stunden am Telefon Leserfragen beantworten könntest.

Wie fühlt sich das an? Wie viele Anzeigen müsstest Du entwerfen lassen und bezahlen, um auch nur einen Bruchteil der Aufmerksamkeit zu erhalten?
Nochmal zur Bestärkung: **Expertenstatus! Sichtbar werden!**
Wenn jemand einen Rauchmelder kaufen will, dann ruft er zukünftig **bei Dir** an! Auch wenn die Teile im Supermarkt die Hälfte kosten. Er will da kaufen, wo er gut beraten wird, gerade wenn es um Sicherheit geht.

Das war nur **ein** Beispiel. Es wundert mich, warum nicht viel mehr Gipser- und Malermeister über Vollwärmeschutz in der Zeitung schreiben. Ein Thema, das für viele Hausbesitzer absolute Relevanz hat. Und wo ein Artikel über die Vor- und Nachteile von verschiedenen Dämmstoffen auch gelesen wird! Besonders wenn das Ganze von Dir als Handwerksmeister erklärt wird.

Warum schreibt **kein Schlosser oder Schreiner über wirkungsvolle Einbruchschutz-Maßnahmen?**
Warum liest man über eine Einbruchserie im Neubaugebiet, ohne dass am Tag drauf ein Handwerker **zu diesem Thema** schreibt? Oder sich interviewen lässt?
Warum weist niemand auf das Angebot der **kostenlosen kriminalpolizeilichen Beratungsstelle** hin? Und auf die wirkungsvollen Beschläge und Möglichkeiten, die es da heutzutage gibt?
Und die tolle Zusammenarbeit mit den geschulten und zertifizierten Handwerkern in der Gegend?

Wie liest Du Zeitungen oder Zeitschriften?
Wieviel Aufmerksamkeit schenkst Du einem informativen Artikel? Und wieviel den reinen Werbe-Anzeigen?
Warum kommen manche Werbe-Anzeigen getarnt als "normale" Zeitungsseiten daher, ganz klein als Werbung gekennzeichnet?

Weil Du außerhalb der reinen Werbeanzeigen viel mehr Aufmerksamkeit und Ansehen gewinnen kannst!

Noch ein Tipp: Vielleicht ist Dein Sprach- und Schreibkönnen nicht gerade super berühmt. Dann kannst Du sicherheitshalber eine geeignete Agentur mit dem Schreiben beauftragen. Die Leute da wissen, wie ein Zeitungsartikel formuliert werden muss.
Und sie kennen auch noch andere Redaktionen und Portale, wo man Deinen Text unterbringen kann. Alles besser, als diese schöne Gelegenheit ungenutzt zu lassen!

8.2 Newsletter-Marketing

So, beim Thema "**Marketing**" sind wir endlich angekommen! Zwar noch nicht ganz bei "Social Media" – aber die Richtung stimmt schon mal. Der Eisberg hebt sich…

Jetzt gehen wir einen Schritt weiter, und kommen zu einer weiteren Möglichkeit, Dich ins Gespräch zu bringen.
Wie Du weißt, geht es darum, **für die richtigen Leute im Internet sichtbar zu werden**.
Und noch wichtiger: Sichtbar zu bleiben. Also in möglichst regelmäßigen Abständen etwas von Dir und über Dich zu schreiben oder zu veröffentlichen.
Wenn Du **Deine Bestandskunden** erreichen und an Dich binden willst, dann gibt es dafür **eine einfache und erprobte Methode.**
Du kannst nämlich schon mal alle Leute ansprechen, **von denen Du eine E-Mail-Adresse hast**. Also Kunden, Freunde, Architekten, Lieferanten usw.

Aber Vorsicht: Es ist streng geregelt, wen man wie oft und zu welchem Thema anschreiben darf. Da droht ruckzuck eine Abmahnung, die viel Geld kosten kann.
Ich kann und darf hier ***keine Rechtsberatung*** *vornehmen! Im Zweifel machst Du Dich bei Leuten schlau, die die aktuelle Rechtslage genau kennen und Dich beraten dürfen. Notfalls bei Deinem Rechtsanwalt.*

Soweit mein Wissen reicht, kannst Du Kunden – also Leute, **mit denen Du eine geschäftliche Verbindung hast** – mit einem unaufgeforderten Anschreiben auf dem Laufenden halten. Also ohne dafür gleich ins Gefängnis zu kommen.

Die Einschränkung: Du musst ein Thema behandeln, **was zu Eurer Geschäftsverbindung passt**. Du kannst also nicht einen Innenausbaukunden ständig mit Neuigkeiten über Haustüren beglücken. Das wäre schlicht unerlaubte Werbung.

Und es darf auf keinen Fall belästigend sein! Also die Empfänger bitte nicht in zu kurzen Abständen und mit unpassenden Themen zudröhnen. Auf jedem Deiner Newsletter musst Du auch die Möglichkeit geben, sich ohne Aufwand wieder auszutragen. Das ist nicht nur höflich, **sondern auch gesetzlich vorgeschrieben!**

Wie kann trotz dieser Einschränkung Newsletter-Marketing funktionieren?
Also wenn Du Kunden nur zu Sachen beraten darfst, die sie eh schon von Dir gekauft haben?
Nicht ganz einfach aber machbar: Du musst von allen Menschen, die Du regelmäßig anschreiben willst, **eine Erlaubnis dafür einholen!** Klingt schlimmer als es ist. Das geht nämlich ziemlich einfach und auch sicher.
Da Du nicht der einzige Mensch mit genau dieser Frage bist, wurden dafür einfach zu handelnde Verfahren entwickelt. Über das sogenannte "**Double-Opt-In**"-Verfahren geht das rechtssicher und für beide Seiten ohne viel Aufwand. Ich erkläre das auch gleich noch näher.

Der Newsletter verfolgt Ziele
Auch für Deine News-Letter-Aktionen solltest Du für Dich **genaue Ziele** formulieren. Du hast jetzt nämlich die Möglichkeit, den Empfänger **zu einer bestimmten Handlung** anzuregen.

Du hast vielleicht ein **tolles, neues Produkt** oder eine neue Dienstleistung die Du bewerben willst. Vielleicht planst Du **eine Veranstaltung**, für die Du noch Besucher brauchst. Im Newsletter ist es jetzt möglich, ganz **gezielt dafür** Werbung zu machen.
Und jetzt ein wichtiger Tipp: Beschreibe nicht einfach die tolle neue Handwerks-Leistung. Berichte nicht einfach über Deine Dienstleistung in der Hoffnung, dass sich ein Kunde meldet.
Was jetzt ganz wichtig ist, und leider oft nicht beachtet wird: **Sage Deinem Kunden ganz genau, was er TUN soll**. Und zwar nicht irgendwann.
Sondern JETZT!

Biete eine Möglichkeit, einen Anreiz, eine ganz plumpe Aufforderung, **damit Dein Leser eine Aktion ausführt**. Der Fachbegriff dafür ist "**Call-To-Action**". Natürlich musst Du Dir dazu gut überlegen und planen, was so eine Handlung sein könnte.
Hier wieder Beispiele:

- "Rufen Sie noch heute folgende Telefonnummer an, und sichern Sie sich eine kostenlose Beratung!".
- "Kommen Sie bis Ende dieser Woche in unserem Ladengeschäft vorbei – so lange halten wir eine kleine Überraschung für Sie bereit!"
- "Vereinbaren Sie noch heute einen unverbindlichen, kostenlosen Besuch unseres Herrn XY, der Ihnen weitere Möglichkeiten zeigen kann!"

Hier gibt es viele Möglichkeiten, **den Kunden ins Tun** zu bringen. Ganz gut ist dabei immer, etwas "kostenlos", "unverbindlich" und zeitlich befristet anzubieten.

Und die Schwelle **immer schön niedrig zu halten**!
Der Kunde soll nicht noch umständlich ein Formular ausfüllen oder eine lange Beschreibung seines Problems liefern müssen. Aber er muss wissen, dass er etwas tun kann. Und auch tun sollte.
Nicht selten trifft so ein Schreiben auch auf **ein schlechtes Gewissen oder einen lang gehegten Traum.**
Dann ist die Mail ein **willkommener Auslöser**, um endlich mal etwas zu unternehmen. Gegen Einbrecher, für mehr Wohnqualität **oder für einen zufriedeneren Partner**.

Unheimlich große Reichweite
Deine Werbemaßnahmen per Newsletter haben noch einige ganz interessante Vorteile, die man einfach im Blick haben sollte: **Die Zahl Deiner möglichen Empfänger ist einfach riesengroß!**
Wir können davon ausgehen, dass alleine in Deutschland um die **60 Millionen Menschen das Internet aktiv nutzen**. In unserer Zielgruppe, also der Gruppe zwischen Kindergarten und betreutem Wohnen, sind das anteilig knapp 100%.
Und was kommt auf Platz 2 der häufigsten Gründe für die Internet-Nutzung? Gleich hinter dem "Suchen" nach Themen oder Menschen oder Firmen oder Schuhen?
Genau!

95% der Menschen nutzen das Internet wegen der Möglichkeit E-Mails zu empfangen und zu verschicken.
Also zumindest technisch kannst Du so ziemlich jeden Deiner möglichen Kunden oder Interessenten per Mail erreichen. Das ist schon mal ein großer Vorteil gegenüber

z.B. Radiowerbung, Zeitungsanzeigen, Fahrzeug-Beschriftung.
Mit welchem anderen Medium kannst Du so viele Menschen **direkt** ansprechen? Und das dazu noch so unschlagbar günstig?

Ein weiterer ganz großer Aspekt ist **die genauere Adressierbarkeit**. Wenn Du eine Werbeanzeige in der Zeitung schaltest, dann kannst Du versuchen, so viele von Deinen Leistungen wie möglich darin anzupreisen. Das ist dann so, als wenn Du mit einer Gießkanne einen Fußballplatz gleichmäßig gießen würdest. Das Wasser – Dein Werbebudget – ist dann zwar weg. Aber so richtig nass geworden ist halt auch niemand.

Beim Newsletter hast Du die wunderbare Möglichkeit, verschiedene Texte zu verschiedenen Themen **an unterschiedliche Empfänger** zu schicken.
Besonders wirkungsvoll ist das, wenn Du Deine Kunden in Gruppen einteilst – z. B. nach Alter, Wohnsituation und Bedarf.
Jetzt schickst Du Deine Informationen über die neuen Terrassen-Beläge eben nicht an das Rentner-Paar, das im siebten Stock wohnt. Und von Terrasse nur träumen kann.
Die Vorzüge der neuen fugenlosen Dusch-Rückwand erreicht eine Gruppe von Kunden, die vom Alter und von der Lebensphase eventuell in den nächsten Jahren das Projekt "Endlich ein neues Badezimmer" angehen wird. Oder auch nur angehen könnte.

Und wenn Du hier jetzt noch das Weiterempfehlen im Blick hast: Wenn Du Deine Zielgruppe einigermaßen genau ansprichst, dann haben diese Leute oft **auch Freunde und**

Bekannte in ähnlichem Alter und vergleichbarer Lebens-Situation. Mache Deinen Kunden also ganz klar, dass Du und Deine Mitarbeiter absolute Experten auf dem angesprochenen Gebiet seid, dann wirst Du auch gerne weiterempfohlen.
Es ist übrigens nicht verboten, im Newsletter an Deine Kunden auch ganz ehrlich und offen **um diese Weiterempfehlungen zu bitten**. Und warum nicht auch mal einen Gutschein für ein Candle-Light-Dinner als kleinen Anreiz anbieten?

Bestandskunden sind wertvoll!
Apropos Bestandskunden! Es ist ja ein alter Hut, dass es ungefähr 6-Mal so viel Zeit und Aufwand kostet, einen Auftrag von einem neuen Kunden zu bekommen.
Ein "Alt"-Kunde sollte also ganz besonders gehütet, gepflegt und umsorgt werden, weil er unheimlich wertvoll für Deine Firma ist. Das weiß auch jeder.
Wie ist das aber im wahren Leben?

Nicht nur bei den Banken ist es oft gerade andersherum. Neues Geld, neue Kunden, neue Kontakte werden umworben und wie Könige behandelt.
Viel effektiver ist es aber, seine Stammkundschaft bei guter Laune und dadurch bei der Stange zu halten. Und genau aus diesem Grund ist ein regelmäßiger Kontakt, z.B. über einen **monatlichen Newsletter**, so wichtig.
Du bleibst im Gespräch. Du bist immer irgendwo im Kopf, auf dem Schirm oder wo auch immer. Und wenn der Kunde irgendwann eine Deiner Leistungen benötigt – dann denkt er zuallererst an Deine Firma und an die vielen netten und positiven Sachen, die er immer wieder über Dich und von Dir gelesen hat.

Wie oft sollte man einen Newsletter versenden?
Da gibt es keine festen Regeln, das kommt drauf an.
Wenn bei Euch oft etwas Berichtenswertes passiert, kann man wohl 14-tägig anschreiben. Das gilt auch und vor allem im Kontakt mit Geschäfts-Kunden, die darauf angewiesen sind, immer auf dem neuesten Stand zu bleiben. Bei Privatkunden ist das aber vielleicht auch zu häufig. Dann lieber nur alle ein oder zwei Monaten und dafür etwas mehr Zeit und Aufwand in einen guten Inhalt investieren.
Klasse statt Masse funktioniert auch hier.

Wo kommen die Adressen her?
Wie kommst Du aber nun an die richtigen Adressen, um über einen regelmäßigen Newsletter Deine Kunden zu erreichen?
Ganz einfach: **Du trommelst dafür!**
Du bettelst darum! Du machst auf alle möglichen Arten online und offline auf Deinen Newsletter aufmerksam.
Egal wie: **Die Leute sollen sich freiwillig und gerne in Deine Verteiler-Liste eintragen**.

Als Erstes gehst Du natürlich in Deine Kunden-Liste. Die ist hoffentlich vorhanden und gepflegt!
Ist sie nicht? Na, dann ist das doch auch mal ein guter Anlass, da Ordnung rein zu bringen. Auch aus anderen Gründen ist eine sauber sortierte und vor allem aktuelle Kunden-Datei ein wichtiger Baustein für Deine Werbe-Maßnahmen. **Diese Kunden, Lieferanten und andere Personen sind die Basis Deiner ganzen Firma!**

Ich muss gestehen, dass auch in meiner Firma dieses Thema viel zu sehr vernachlässigt wurde. Im Rahmen meiner Geschäftsaufgabe war es wichtig, alle Kunden, Lieferanten, Architekten und Freunde der Firma anzuschreiben. Von über 1000 Kontakten blieben gerade mal 755 übrig, bei denen sich ein Anschreiben lohnte...

Wenn es Dir irgendwie möglich ist, **pflege alle Deine Kontakte immer sehr gut**. Und aus dem oben beschriebenen Gründen ist es auch wichtig, zusätzliche Informationen zu erfragen und zu erfassen. Wenn Du zukünftig Deinen Premium-Kunden einen Gruß zum Geburtstag schicken willst, dann wäre es schon ziemlich cool, das Geburtsdatum greifbar zu haben.

Je mehr Informationen Du den Kunden zuordnen kannst, umso gezielter und wirkungsvoller werden Deine zukünftigen Newsletter treffen.
Grundlage dieser Werbe-Maßnahme ist natürlich **eine große Anzahl von E-Mail-Adressen**.
Du investierst alle vier Wochen einen halben Tag, um einen perfekten Newsletter zu verfassen. Mit relevanten Inhalten, einer übersichtlichen Struktur und einer Killer-Betreffzeile.
Jetzt wäre es natürlich schön, wenn Du nicht nur 14 Leute kennst, denen Du das schicken kannst. Also ist eine Adressenliste mit mehr als 100 oder gar 1000 Empfängern schon eine tolle Sache.

Klasse statt Masse
Aber nicht nur die Anzahl an Empfängern hat Einfluss auf die Wirksamkeit.
Mindestens genauso wichtig ist die **Qualität der Adressen**. Sonst könntest Du ja für etwas Geld bei einem der vielen

Daten-Händlern ein paar tausend Mail-Adressen kaufen und die mit Informationen über Deine Firma beglücken.
Mache das bloß nicht!
Wenn wir hier von einer Adressenliste reden, dann ist das natürlich **Dein ganz eigener Verteiler**. Für Deine Firma. Mit Deinen Kunden und Interessenten.
Alles andere ist nur raus geworfene Zeit und Geld. Die vielen Mails, die Du jeden Tag, hoffentlich automatisch, in den Spamordner oder Papierkorb verschiebst, die sind genau über solche Listen zustande gekommen!
Du hast viel mehr davon, wenn Du 200 Menschen anschreibst, die in irgendeiner Form einen Bezug zu Dir oder Deiner Firma haben. Die 20.000 Menschen, denen deine Botschaft absolut nichts sagt und nichts bringt, machen nur Arbeit und kosten Geld.

Weitere Möglichkeiten

Was für Möglichkeiten gibt es, außer der schon bestehenden Kundendatenbank, noch, um Dir eine super Liste aufzubauen?
Natürlich in erster Linie **persönliche Kontakte**. Echte Menschen, denen Du im Gespräch, bei einer Beratung oder bei einem Glas Bier von Deinem Newsletter-Service erzählen kannst.
Vielleicht lässt Du Dir **ein paar einfache Flyer** oder interessante Visitenkarten zu diesem Zweck drucken. Ein QR-Code mit Weiterleitung zu einem Firmen-Video oder Deiner Homepage darauf ist sicher auch nicht verkehrt.
Weise in **Deinen Presse-Artikeln** auf Deine Homepage hin. Beschrifte alle **Fahrzeuge** und Dein **Geschäftspapier** entsprechend. Also so, dass der Leser Lust oder Neugierde verspürt und unbedingt Deinen Web-Auftritt mal anschauen will.

Bitte bei jeder Gelegenheit um die Visitenkarte Deines **Gesprächspartners** und frage dabei gleich, ob Du ihn in Deinen E-Mail-Verteiler aufnehmen darfst.
Also nicht gleich von Newsletter sprechen, da schaut dann gleich **die hässliche Schwester Spam-Mail** schon um die Ecke. Aber auch hier beachten: Die Nachweispflicht für das Einverständnis liegt bei Dir!
Deshalb vielleicht nach dem Seminar oder der Messe mit einigen neuen Kontakten diese kurz anschreiben. Einfach nochmals für das nette Gespräch bedanken und darauf hinweisen, dass die Mail-Adresse zukünftig ab und zu Informationen erhalten wird. Und die Gelegenheit geben, sich davon sehr einfach wieder auszutragen.

Was künftig noch zu vielen Adressen führen wird, ist **Dein Auftritt auf sozialen Medien** wie Facebook, Xing oder in anderen Netzwerken. Dazu aber später mehr.

Wie sieht das in der Praxis aus?
Grundsätzlich gibst Du Deinen Ziel-Interessenten die Gelegenheit, sich für Deinen Newsletter einzutragen.
Dazu baust Du z.B. auf Deiner Homepage an mehreren gut erreichbaren Stellen einen entsprechenden Button (Fläche zum Anklicken) ein. Dazu dann eine freundliche Einladung: „Wenn Sie mehr Informationen zu diesem Thema oder unsere Firma erhalten wollen, **klicken Sie bitte einfach HIER!**
Du musst nicht unbedingt das Wort "Newsletter" oder "E-Mail-Verteiler" extra erwähnen – manchmal schreckt das potenzielle Leser auch ab.

Wenn der Button für die Newsletter-Eintragung dann gedrückt wird, passiert folgendes: Der Besucher wird auf eine Seite geleitet, wo er seinen Namen und seine E-Mail-Adresse eintragen kann. Und soll.

Ganz einfach gehalten – ohne viel Text. Ohne viel Ablenkung. Eventuell noch der Hinweis, dass die Daten nicht weitergegeben werden. Und nochmals zur Bestärkung die Aussicht auf **zukünftig regelmäßig wichtige und aktuelle Informationen.**

Nach der Eintragung bekommen die entsprechenden Menschen dann eine Mail von Dir. Du bedankst Dich höflich für das Interesse und gibst in dieser Mail die Möglichkeit, **die Anmeldung zu bestätigen**.

Das ist für den Leser nur ein weiterer Klick auf einen vorbereiteten Link. Deshalb heißt das auch **Double-Opt-In.** Also **doppelte Zustimmung** oder so. **Nämlich erst eintragen und dann nochmal bestätigen.**

Das Verfahren hat zwei große Vorteile: Du kannst prüfen, ob die angegebene Mail-Adresse auch funktioniert, oder ob sich jemand einen Scherz erlaubt hat.

Und **Du bist rechtlich abgesichert**, und kannst nachweisen, dass Dein Kunde Deinen Newsletter auch tatsächlich empfangen will.

Das klingt jetzt ziemlich kompliziert, aber wenn Du eine Web-Seite betreibst, kann das mit wenigen Handgriffen durch sogenannte Plug-Ins da umgesetzt werden. Zumindest wenn man weiß wie es geht. Du kannst den Newsletter-Dienst also direkt auf Deiner Homepage einbauen.

Eine gute Möglichkeit bieten aber auch spezielle Plattformen im Internet, die sich um nichts anderes kümmern. Wenn Du "nur" ein paar hundert Adressen anschreiben willst, sind diese Services in der Regel **sogar kostenlos**.

Weiterer Vorteil: Du bekommst eine Statistik geliefert, wie viele von den Adressaten Deinen Newsletter auch geöffnet haben. So kannst Du mit der Zeit herausfinden, welche Themen besonders attraktiv sind. Oder zu welchen Zeiten Deine Empfänger Lust und Zeit auf Deine Botschaft haben.

Was Du auf keinen Fall versuchen solltest: **Versuche nicht, Deine regelmäßigen Newsletter über Dein "normales" E-Mail-Programm, wie z.B. Outlook, zu verschicken.** Da kommst Du bald in Teufels Küche, weil Du einfach den Überblick verlieren wirst. Du weißt dann nicht mehr, wer wann was erhalten hat.
Und wie gut der einzelne Newsletter bei Deiner Zielgruppe angekommen ist. Du müsstest manuell überwachen, wer sich eingetragen hat und, noch wichtiger, wer sich ausgetragen hat. Der Aufwand steht ich keinem Verhältnis zum Erfolg.
Nutze hier ein fertiges System und kümmere Dich in der gesparten Zeit um **regelmäßige, gute und informative Inhalte**. In den Anhang schreibe ich auch hierzu ein paar Link-Tipps.

Die hässliche Schwester des Newsletters

Das Thema Newsletter-Marketing hat bei vielen Menschen bekanntlich einen sehr angekratzten Ruf. Der Newsletter hat nämlich eine ziemlich üble, hässliche und aggressive große Schwester: **Die Spam-Mail**!
Und gerade deshalb musst Du alles, was mit Deinem Newsletter zu tun hat, besonders sorgfältig machen.
Der Schuss kann sehr leicht nach hinten losgehen. Wenn sich Dein Kunde nämlich nicht über ein Lebenszeichen von Dir **freut**, sondern sich über eine weitere Belästigung im E-Mail-Fach **ärgern** muss.

Da steht dann auch der Ruf Deiner Firma schnell auf dem Spiel. Wenn Du einmal einen schlechten Eindruck hinterlassen hast, wirst Du das nur mit viel Aufwand wieder einfangen können.
Wir müssen deshalb nochmal ganz genau auf die Unterschiede der beiden ungleichen Geschwister schauen, um nichts verkehrt zu machen.

Hier hilft vielleicht wieder ein Vergleich:
Du erhältst sicher auch jede Menge so genannter **Postwurfsendungen**, also gedruckte Werbung und Prospekte, die wahllos in alle Briefkästen verteilt werden. Auch mit Deiner Tageszeitung erhältst Du ungefragt bedrucktes Papier auf Deinen Frühstückstisch geliefert.
Wie gehst Du damit um?
Was wirst Du sofort wegwerfen und was wirst Du lesen und eventuell sogar eine Information daraus ziehen?
Die Antwort ist klar: **Du wirfst das weg, was Dich schlicht nicht interessiert und was Dir keinen Nutzen bringt!**

Wenn Du ganz glücklich mit Deinem Smartphone bist und gerade letzte Woche ein neues gekauft hast – dann wirst Du wohl nicht ein Prospekt vom Handyladen aufmerksam durchlesen. Bringt Dich jetzt ja auch nicht wirklich weiter.
Vielleicht bist Du aber ein begeisterter **Hobby-Gärtner**! Und planst gerade, in den nächsten Tagen endlich mal wieder Dein grünes Reich auf Vordermann zu bringen! Dann liest Du den **Prospekt vom Gartencenter** von vorne bis hinten. Mit leuchtenden Augen. Eventuell fährst Du sogar am gleichen Tag los, und ergatterst ein Sonderangebot, ein Werkzeug oder eine Schubkarre voller Pflanzen.

Was war hier der Unterschied? **Inhalt und Zeitpunkt!**
Was dem einen nur als reines Altpapier auf den Zeiger geht, ist für Dich wertvolle Information! Und umgekehrt. Irgendjemand genießt ja zeitgleich den Handyprospekt und legt dafür das Werk vom Gartencenter ganz unten ins Katzenklo.

Der Schnäppchenjäger freut sich schon zwei Tage im Voraus auf den Prospekt von ALDI oder LIDL. Wer da aber nicht Kunde ist, wirft das gleiche Heft mit den gleichen, tollen Angeboten innerhalb von Sekunden zum Altpapier. Ungelesen.

Und so ähnlich verhält es sich mit Deinem Newsletter. Mit einem wichtigen Unterschied: Deine Empfänger haben sich freiwillig eingetragen bzw. angemeldet. Sie werden nicht von Dir mit Informationen und Meldungen aus Deiner Firma überfallen.
Was für Dich natürlich noch mehr Anspruch und Ansporn für guten Inhalt und gute Qualität sein sollte.
Eine Lehre können wir aus dem Vergleich mit der Postwurfsendung aber auf jeden Fall mitnehmen: Auch bei Deinem Newsletter-Empfänger steht nur ein Klick entfernt ein Papierkorb!
Und die Möglichkeit, sich aus Deinem Verteiler zu verabschieden, steht gleich daneben.

Die wichtigsten beiden Fragen
Du solltest also immer an den Prospekt vom Baumarkt und vom Handyladen denken, bevor Du Dein Werk auf Deine Empfänger loslässt.
Frage Dich einfach die beiden wichtigsten Fragen:

Biete ich meinem Leser **irgendwelchen Mehrwert** mit dem Schreiben? Hat er wirklich einen Nutzen davon? Wird er gerne und aufmerksam lesen, was Du zu sagen hast?
Und: **Stimmt der Zeitpunkt?** Spreche ich ein Thema an, was den Leser jetzt interessieren könnte? Nehme ich Bezug auf die Jahreszeit, ein wichtiges Ereignis, Ferien, Urlaub usw.
Beispiel: Ein gut geschriebener Newsletter kommt Anfang Juli und behandelt das Thema „Einbruchschutz für Einfamilienhäuser". Die Betreffzeile könnte lauten: „**Wie Sie ohne Angst in Urlaub fahren – neue Methoden im Einbruchschutz**". Oder „**5 Fehler, die Sie nicht machen sollten, wenn Sie Ihr Haus im Urlaub alleine lassen**". Und dann noch im Text auf ein aktuelles Angebot auf diesem Gebiet hinweisen – eine kostenlose Beratung oder etwas in der Art.
Was passiert dann: Viele Empfänger werden den Text lesen, weil er gerade in die Zeit passt, und ein interessantes Thema anspricht. Und ein paar davon werden sich bei Dir melden.
Und einige davon werden Deinen Newsletter sogar weiterleiten – an ihren Kollegen, der in den letzten Tagen genau dieses Thema angesprochen hatte.

Wenn das funktioniert, hast Du schon ein spannendes Thema für den Herbst. Wenn die Uhren umgestellt werden und es abends früher dunkel wird… „Die 4 wichtigsten Schritte, um Einbrechern das Leben schwer zu machen…"
System kapiert?
Nicht mit öder Werbung zutexten, sondern locker verpackt wertvollen Inhalt liefern. Dabei immer auf das Timing achten und nicht im März einen Rückblick auf den Weihnachtsmarkt bieten.
Und wenn dann Dein aktuelles Thema einen einzelnen Leser nicht interessiert? Macht nichts. Er sieht ja, dass Du

relevante Sachen schreibst. Beim nächsten Newsletter ist er gespannt wie ein Flitzebogen, ob dieses Mal ER einen Nutzen davon hat. Er ist ja vielleicht kein Hausbesitzer sondern Einbrecher und interessiert sich eher für Werkzeug.

Beim Pressetext und Deinem Ausflug in die Welt der Zeitungen und Zeitschriften ging es darum, Deine Firma und Dich bekannt zu machen. Der Leser soll einen guten Eindruck erhalten und Dich als Fachmann und sympathischen Experten kennenlernen.

Beim Newsletter-Marketing geht das jetzt aber schon einen Schritt weiter. Du planst genau, wen Du zu welchem Thema ansprechen willst.

Und Du bietest dem Empfänger eine Möglichkeit, direkt darauf zu reagieren.

8.3 Was ist was? Begriffe rund ums Internet

Die eigene Homepage, Internet-Präsenz, Website.. Oder was?
Die eigene Homepage?

Hatten wir das Thema nicht schon? War das nicht das langweilige Schaufenster im Internet, an dem die allermeisten Menschen achtlos vorbeigehen?
Könnte man so sehen.

Sollte man aber nicht. Denn wie immer im Leben gibt es natürlich auch hier verschiedene Möglichkeiten etwas zu tun. Nämlich richtig – und weniger richtig.
Zuerst würde ich mit Dir gerne mal ein paar Begriffe klären. Dann werde ich Dir zeigen, warum eine gut gemachte und aktuelle Homepage Herzstück und Zentrum Deiner ganzen Internet-Aktivitäten sein muss. Und danach kannst Du Deinen aktuellen Internet-Auftritt, Deine Website also, mit wissendem Blick betrachten. Und eventuell auch etwas daran verbessern.
Aber der Reihe nach.

Seit vielen Jahren ist es vor allem für Firmen normal, sich im Internet zu präsentieren. **Aber noch immer werden einige Begriffe durcheinander gebracht.**
Ist zwar nicht weiter schlimm, wenn man vom Gleichen redet – und auch weiß, dass der Gesprächspartner das Gleiche meint. Die nächsten Abschnitte wenden sich insbesondere an Leser, die bei den Bezeichnungen rund ums Thema Internet nicht ganz sattelfest sind. Wenn das für

Dich kein neues Wissen bedeutet: einfach schnell drüber weg lesen oder zum nächsten Kapitel springen.

Die Begrifflichkeiten - oder was ist was?

Räumen wir also begrifflich hier mal ein bisschen auf!

Wenn Du Dich und Deine Firma im Internet präsentieren willst, brauchst Du dazu zuerst einmal **einen Platz**. So wie Du im echten Leben einen Bauplatz haben solltest, wenn Du ein Haus oder eine Werkstatt bauen willst. Im Englischen heißt "Bauplatz" ganz einfach "**Site**". Das hat also gar nichts mit einer "Seite" zu tun, sondern beschreibt einfach einen Platz, wo man z.B. ein Haus bauen kann.

Campingplatz heißt ja z.B. auch "Camping site". Soweit so gut.

Weiter geht es mit dem Begriff: "**Web**". Das bezeichnet im Englischen ganz einfach ein Netz. "Spiderweb" oder "Spider's web" heißt da z.B. ein Spinnennetz.

Im Zusammenhang mit dem Internet ist natürlich **vom weltweiten Computer-Netz** die Rede. WWW heißt ja auch nicht "was wäre wenn" sondern schlicht **World Wide Web**.

Also wissen wir jetzt, dass Deine **Website** den Platz, also den **Platz bezeichnet, wo Deine Internet-Präsenz zu finden ist**. Im weltweiten Netz.

Um alle die Daten, Informationen, Fotos und Texte Deiner Website zu speichern, braucht es ja auch eine Menge Platz. Und einen Ort, der **sicher** ist, und auch **rund um die Uhr erreichbar**. Auch am Wochenende.

Da scheidet Dein Rechner im Büro oder zuhause ja wohl schon mal aus.

Deshalb kommt jetzt der nächste Begriff ins Spiel: Das ganze Zeug muss ja irgendwo hin "hochgeladen", also abgelegt werden, wo man immer und von überall aus Zugriff

hat. Bei Dir daheim läuft das ja nicht. Du brauchst also einen "**Gastgeber**" für Deine Sachen.
Und was heißt Gastgeber auf Englisch?
Gut aufgepasst! Stimmt genau: **Host**. Da kommen jetzt als auch der Begriff "**Hosting**" her, also das "begastgebern", was natürlich korrekt "beherbergen" heißen muss.
Der Begriff "**Hostess**" ist hierzulande vielleicht auch nicht gänzlich unbekannt.
Was macht Dein Host, also der Gastgeber für Deine Daten nun eigentlich für Dich? Er stellt Dir **Speicherplatz zur Verfügung**, und darüber hinaus auch noch einige Dienstleistungen. Er kümmert sich um regelmäßige Datensicherung, Abrechnung, Statistik etc.
Er stellt für Dich also **Platz und Service** bereit. Und schon wieder der Umweg über das Englische: "**bereitstellen**", heißt da nämlich "**to provide**". Deshalb hast Du sicher schon oft den Begriff "**Provider**" gehört.
Das bezeichnet die Firma, die Du dafür bezahlst, dass Sie Deine für das Internet bestimmten Daten und Programme für Dich hostet. Und die ganze technische und bürokratische Abwicklung drumherum erledigt.
Bekannte Beispiele sind z.B. Strato, 1&1, Telekom, Web.de, gmx.de und noch unzählige andere.

Deine Daten müssen also **gespeichert** werden. Das geschieht bei den großen Providern weltweit auf sogenannten "**Servern**", bei ganz großen Läden sind das regelrechte "Server-Farmen" also riesige Gebäude, die gesichert sind wie Fort Knox. Und die eine Menge an Energie alleine für die Kühlung benötigen.
Das führt dazu, dass immer mehr von den Teilen jenseits des Polarkreises angesiedelt werden. Das ist kein Witz!

Wenn die Daten mit Lichtgeschwindigkeit um den Erdball flitzen, ist es fast egal, wo die Festplatten tatsächlich rumliegen. Und dann schon lieber in kalten Gefilden wo man nicht noch wie bescheuert runterkühlen muss.
Von außen sehen die Gebäude aus wie unscheinbare Fabrikhallen. Oder wie Tiermastbetriebe.
Nur eben mit Festplatten anstelle der Legehennen.

Home sweet home(page)
So, nächster Punkt:

Aus was besteht denn eigentlich Deine Website genau? **Aus verschiedenen Seiten!** Und jetzt sind das auch wirklich Seiten und keine sites – nicht verwechseln! Und, niemand wird jetzt überrascht sein, jetzt müssen wir das deutsche "**Seite**" ins Englische übersetzen, um einen weiteren, wichtigen Begriff zu erhalten: "**Page**". Das heißt auf Deutsch ganz einfach Seite. Wie die Seiten in Romanen oder in Deinem Notizbuch.
Die Bezeichnung ist an dieser Stelle sogar ganz passend, es heißt nämlich ganz bewusst "Seite" und nicht etwa "Blatt". Seiten haben in der Regel nämlich **eine Ordnung**. Sie sind z.B. im Buch nummeriert und jede Seite hat einen festen Platz zugewiesen bekommen. Alles andere als eine Lose-Blatt-Sammlung also.
Und genau so sollte auch **Deine Website** organisiert sein: Seiten, die eine **feste Ordnung und einen logischen Aufbau** haben.
Was natürlich nicht heißt, dass man nicht munter innerhalb der Seiten und von Seite zu Seite rumspringen darf. Das darf man sehr wohl – das soll man auf vielen Websites sogar ganz ausgiebig. Wie in einem Ratgeber oder Nachschlagewerk ja auch.

Und jetzt erklärt sich fast schon automatisch ein weiterer Begriff: Du weißt sicher, dass "**Home**" auf Deutsch "Heimat" oder "**Heim**" heißt. Hometown ist die Heimatstadt, "to come home" ist "nachhause kommen". Und was ist dann wohl die – **jetzt kommt's: "Homepage"?**

Ja, ganz richtig.
Das ist eine Seite auf Deiner Website – **aber eine ganz bestimmte Seite**.
Nämlich die "**Heimat-Seite**", also die Seite, die das Zentrum Deines Auftrittes bildet.
Die Seite, die der Besucher in der Regel **als erstes zu Gesicht bekommt**. Der Eingangsbereich, der Begrüßungs- und Kennenlern-Raum. Und genau deshalb kommt dieser ersten Seite eine ganz besondere Bedeutung zu.
Du hast hier wie überall im Leben nur eine einzige Chance auf einen ersten guten Eindruck! Natürlich sollen alle Seiten auf Deiner Internet-Präsenz gut und intelligent gemacht sein. Aber die ersten Sekunden auf der Homepage entscheiden oft darüber, ob ein Besucher sich die übrigen Seiten überhaupt noch anschauen will.

Kurze Zusammenfassung zwischendurch: Du hast also bei einem "Bereitsteller" einen "Bauplatz" gepachtet (wichtig! Nicht gekauft! Wenn Du den Vertrag kündigst, fliegen Deine Daten sofort von den Rechnern Deines Vermieters). Auf dem Bauplatz befinden sich Seiten mit Inhalten. Die wichtigste Seite ist die "Heimatseite", die auch, meistens, als erstes angezeigt wird.
Oder um es in einigermaßen korrektem "Computer-Deutsch" zu sagen: Dein Provider hostet, gegen eine gewisse

monatliche Miete, Deine Website mit den ganzen Pages, wie z.B. der Homepage, auf seinen Servern.
Und er sorgt dafür, dass man sich die Seiten alle anzeigen lassen kann.

Wenn man die Adresse weiß.

Wichtig auch für Daten: Die korrekte Anschrift!

Oh hoppla! Nächstes Problem!

Es gibt ja unendlich viele Anbieter, Milliarden von Websites mit Abermilliarden von einzelnen Seiten, die auf irgendwelchen Serverfarmen irgendwo abgespeichert sind. Irgendwo in der Kälte der Arktis oder der Kälte von Klimaanlagen in Kalifornien.
Um im richtigen Moment die gewünschte Seite wieder zu finden, braucht es natürlich ein funktionierendes System.
Und genau deshalb gibt es strenge Regeln für Adressen und Protokolle. Wie ganz am Anfang schon erwähnt, konnten die ersten Computer in den 60er- und 70er-Jahren erst miteinander in Kontakt treten, als man sich auf ein paar Sachen geeinigt hatte.
Ich will und kann jetzt hier nicht zu sehr ins Detail gehen. Jeder Rechner im Internet bekommt nach einer festgelegten Regel **eine sogenannte IP-Adresse zugeteilt**. (IP = Internet Protocol) Diese IP-Adresse kann sich für den Nutzer bei jeder Einwahl ins Internet ändern. Sie werden dann jeweils für die Dauer der Verbindung vergeben. Also z.B. für Dich an Deinem Rechner im Büro.
Die IP-Adressen der Server, wo die Provider die Informationen, also z.B. Deine Website speichern, **bleiben allerdings immer gleich**. Da Computer so wahnsinnig gerne mit Zahlen umgehen heißen diese Adressen dann z.B. 212.227.210.80 oder so ähnlich. Sieht super aus, kann sich jeder auch ganz gut merken.
Außer Menschen.

Die stehen bekanntlich eher auf Buchstaben und da auf Kombinationen, die einen Sinn ergeben. Damit das

funktioniert, kannst Du für Deinen Internet-Auftritt auch viel hübschere Namen wählen. "www.Schreinerei-Deck.de" wäre so ein Name.
Den kann man sich merken und man weiß auch ungefähr, was da wohl dahinter steckt. Diesen Namen kannst Du bei Deinem Provider festlegen.

Also eigentlich zuerst einmal beantragen.
Dein Provider wird dann bei der DENIC prüfen, ob nicht schon jemand anderes genau diesen Namen für sich gewählt hat. Dann ist diese Adresse nämlich "nicht mehr frei", also weggeschnappt!
Die Wahl der eigenen Web-Adresse ist eine spannende Sache. Du solltest auf jeden Fall darauf achten, **einen aussagekräftigen Namen zu finden**. Also nicht "Tolle_Dienstleistung.com". Da weiß wohl niemand auf Anhieb, was einen erwartet. Und die Suchmaschinen finden das auch ziemlich doof.
Besser also: "Steuerberater-Müller.de". Dahinter steckt dann wohl ein Mensch mit Namen Müller, der sich, für mich total unvorstellbar, gerne mit Gesetzen und Zahlen rumschlägt. Und der seinen Laden in Deutschland betreibt. "Steuerberatung-Müller-Berlin.de" ist etwas länger und nicht so leicht zu merken.
Was passiert aber, wenn jemand in Berlin nach einem Steuerberater sucht? O.k., verstanden!

Immer an die zukünftigen Kunden und mit einem Auge an die Suchmaschinen denken. Die Adresse ist aber noch nicht ganz fertig.
Es fehlt noch die Bezeichnung des **Übertragungsprotokolls**, damit die Rechner wissen, wie sie mit dem Namen umgehen müssen. Du kennst sicher das

"Hyper Text Transfer Protocol", **http**. Und was "www" bedeutet haben wir auch schon geklärt.
Es gibt sogenannte "**Domain Name Server**", also spezielle Rechner, auf denen gespeichert ist, welcher "Menschen-Name" zu welchem "Rechner-Namen" gehört.
Die also die Buchstaben wieder in die richtige Zahlen-Kombination umrechnen können. Also zum Beispiel von http://www.planungsbuero-deck.de auf 217.160.170.188. Mit dieser Information kann Dein Rechner dann innerhalb von Sekundenbruchteilen zu dem Server durchgestellt werden, der die gewünschte Website gespeichert hat.
In etwa so wie ganz früher das Fräulein vom Amt beim Telefonieren. Der Anrufer hat auch nicht gewusst, wie das Ganze funktioniert, aber wenn die Vermittlung im richtigen Moment das richtige Kabel in genau die richtige Buchse gesteckt hat, dann konnte man miteinander reden.

Die **Root-Server und Domain Name Server** machen das genauso, nur viel schneller. Und milliardenfach jeden Tag.

In Wirklichkeit ist das System **natürlich viel komplizierter.** Zuerst "sieht" ein Rooter, dass die Adresse auf ".de" endet. Er schickt die Anfrage dann schon mal zu den Jungs, die sich um genau diese Endung kümmern. Die lösen dann die weiteren Teile auf und finden so nach und nach heraus, welche Adresse gemeint sein muss.
Jede Seite deines Internet-Auftritts hat übrigens so eine Adresse. Jetzt weißt Du auch, warum ich vorhin eingeschränkt hatte: Die Besucher kommen nämlich nur "in der Regel" direkt auf Deine Homepage.
Manche kommen auch **ohne den Umweg über Deine Begrüßungsseite auf eine der Unter-Seiten**. Wenn sie z.B. nach etwas gesucht hatten, was genau auf dieser Seite

steht. Die Suchmaschinen hatten ja auch jede der Unter-Seiten angeschaut und wissen, was da zu finden ist. Zumindest so in etwa.
Deshalb sollten eben auch alle Seiten Deiner Website gut und logisch aufgebaut sein. Und ohne großen Aufwand wieder auf die Homepage führen.

Und was sind Browser?
Damit Du Dich an Deinem Rechner überhaupt ins Internet "einwählen" und Dich darin bewegen kannst, hast Du auf dem Computer ein bestimmtes Programm installiert.
Das ist der sogenannte "**Browser**".
Am bekanntesten sind hier z.B. der "Internet Explorer" von Microsoft und der Mozilla Firefox. Oder Chrome oder Safari…
Diese Programme ermöglichen es Dir, nach Begriffen zu suchen, oder aber auch komplette Adressen direkt einzugeben. Außerdem geben die Browser Deine Mausklicks und Tastatureingaben an den Betreiber der aufgerufenen Website zurück. Das ist wichtig, wenn Du z.B. ein Formular ausfüllst, oder auf ein bestimmtes Angebot klickst.
Soweit **ganz grob** und sicher für echte Kenner der Materie viel **zu sehr vereinfacht** der Überblick über die Technik die hinter Deiner Website schlummert. Und über die Begriffe, mit denen man immer mal wieder zu tun hat.

Oft gehört - hier nochmal erklärt

Und wenn wir schon mal beim Begriffe-Erklären sind: Hier noch ein paar Bezeichnungen, über die Du sicher schon gestolpert bist:

Account: englische Bezeichnung für ein **Kundenkonto**, also z.B. Dein Account = Dein Konto bei einem Provider wie 1&1 oder Telecom usw.

Administrator: Auch **Admin** genannt, ist ein Nutzer mit **erweiterten Zugangs- und Benutzerrechten**. Wenn mehrere Leute Änderungen an der Website vornehmen können, kann der Admin jeweils verschiedene Rechte dafür zuweisen. Der Admin darf normalerweise alles. **Und ist immer schuld…**

Domain: Die Hauptadresse einer Website, z.B. www.planungsbuero-deck.de

HTML: Eine Programmiersprache, in der Websites erstellt werden.

Keyword: Englisch für: **Schlüsselwort**/Stichwort. Das Keyword wird zumeist **im Zusammenhang mit Suchmaschinen** verwendet. Der vom Benutzer bei einer Suche eingegebene Begriff ist ein "Keyword". Die Suchmaschine vergleicht diese Anfrage mit ihrem Datenbestand und gibt Seiten als Treffer aus, die zu diesem Keyword passen.

Mobile Web: Als mobile web oder mobiles Web werden Websites bezeichnet, die **für die Darstellung auf Smartphones** optimiert sind.

Spam: Unerwünschte Werbe-E-Mails und unerwünschte Werbeeinträge in Foren, Gästebücher usw.

Teaser: Ein **kurzer Aufmacher-Text**, der dazu verlocken soll, weiter zu lesen, weiter zu zuhören oder weiter zu klicken.

Man spricht auch von: Anteasern und meint damit etwas wie anlocken oder anreizen

URL: Eindeutige Adresse (Uniform Resource Locator), über die man **Internetseiten eindeutig identifizieren** kann. Die URL ist für Menschen leichter zu merken als die IP und besteht aus der "Top-Level-Domain" (z.B. .de), der "First-Level-Domain" (z.B. planungsbuero-deck), der "Serverdomain" (z.B. www) und dem "Dienstpräfix" z.B."http://". Zusammengesetzt ergibt sich dann die vollständige URL, z.B. http://www.planungsbuero-deck.de

Deine URL wirst Du also auf Visitenkarten, Geschäftspapier usw. angeben, damit ein Kunde Deine Seite schnell und eindeutig findet. Heutzutage kann man den "http://www"-Teil oft weglassen, der wird dann vom Browser unsichtbarerweise ergänzt.

SEO: Abkürzung für "**Search Engine Optimization**", auf Deutsch Suchmaschinen-Optimierung. SEO bezeichnet die inhaltliche Verbesserung und bessere externen Verlinkungen auf eine Website. Es geht dabei darum, **eine bessere Position** in der Auflistung von **Suchmaschinen** zu erhalten.

Virales Marketing: eine **Marketing-Variante**, bei dem eine Werbebotschaft durch die Konsumenten weitergetragen wird. Und zwar freiwillig, eben wie ein Virus.

Besonders gelungene Videos oder außergewöhnliche Fotos verbreiten sich im Internet "viral" und erreichen dadurch unheimlich viele Menschen in kurzer Zeit. Genau **planen** kann man dieses virale Marketing **nur ungenau** – oft wird man von der Wirkung eher überrascht. Positiv aber auch negativ.

So, genug mit der ganzen Begriffe-Erklärerei.
Es gäbe noch viele Bezeichnungen, die uns immer mal wieder über den Weg laufen. Aber wir sind ja keine Informatiker und wie bei vielen Kunden reicht uns auch hier oft ein fundiertes Halbwissen. ;-)

Nach so viel Aufklärung und Klugscheißerei über die korrekten Begriffe muss ich jetzt aber **ein klein wenig zurück rudern**.
Wir sind ja mehrheitlich keine Computer-Spezialisten und Englisch ist auch nicht unbedingt unsere Muttersprache. Das führt dann manchmal auch auf diesem Gebiet dazu, dass wir einige Begriffe und Bezeichnungen "falsch" benutzen. Oder sagen wir lieber "**kreativ**".
Dinge wie "Handy", "Bodybag", "Hometrainer" oder "Beamer" kennt in den USA oder bei unseren Freunden mit Linksverkehr kein Mensch - zumindest nicht als das, was wir damit meinen.
Das sind schlicht Bezeichnungen, die sich hier einfach mal so eingebürgert haben, und eben nicht aus der "Originalsprache" übernommen wurden. Erfunden könnte man auch sagen.

Und warum erzähle ich das jetzt in diesem Zusammenhang?
Damit ich endlich, wie die meisten Leser und übrigen Menschen, das Wort "**Homepage**" auch "kreativer" benutzen kann.
Wir wissen zwar jetzt, dass damit eine **bestimmte Adresse** in Deinem Internet-Auftritt gemeint ist. Es ist aber hierzulande üblich und nicht strafbar, damit auch **Deinen kompletten Internet-Auftritt** zu bezeichnen.

Wenn ich also zukünftig empfehle, „auf Deiner Homepage“ auch dieses oder jenes anzubieten, dann ist damit nicht unbedingt die erste Seite, also die Begrüßungsseite, gemeint.

Das macht es für mich und für Dich etwas leichter. Wie wir das "Handy" zum Telefonieren benutzen, oder den "Hometrainer" um uns zu stählen, so stellen wir Informationen jetzt auch auf unsere "Homepage".

Hauptsache, wir wissen, was gemeint ist. Und wo unser "Mobile Phone" schon wieder rumliegt…

8.4 Deine Homepage

Mit Begriffen und Bezeichnungen sind wir jetzt endgültig durch - mit dem Thema **"Website"** aber noch lange nicht! Du liest dieses Buch, weil Du etwas über "**Internet-Marketing**" und über "**Social-Media-Marketing**" erfahren willst. Du hast sicher schon einen Internet-Auftritt also eine "Homepage" für Deine Firma oder Dein Anliegen. Das ist auch gut so und das soll auch so bleiben. Was sich aber ganz deutlich ändern wird ist folgendes:

Wenn ich Dich bisher gefragt hätte: "Machst Du schon Werbung im Internet?", dann hättest Du geantwortet: **"Ja, klar! Wir haben eine ganz tolle Homepage!"**. Und das im Brustton der Überzeugung. Nachdem Du die nächsten Kapitel gelesen hast, wird die Welt etwas anders aussehen. Vielleicht siehst Du jetzt schon den Unterschied?

Deine Homepage ist wichtig und richtig für alles was Du im Internet unternimmst. Sie ist der Dreh- und Angelpunkt für Deine Aktivitäten. Sie ist die Anlaufstelle und der Ruhepol für Deine Kunden.
Sie ist **Deine Zentrale**, wo die Fäden zusammen laufen.
Hier kannst Du Dich darstellen und Besucher willkommen heißen. Hier kannst Du Kunden zu Handlungen bewegen, zu Käufern machen und von Deinen Leistungen überzeugen. Eine super Sache, diese Website!

Aber...
Aber eine Website "**zu haben**" ist alleine noch lange kein Internet-Marketing! **Du kannst mit der Website alleine auch kein Social-Media-Marketing betreiben**.

Du brauchst Deinen Web-Auftritt allerdings, für die oben beschriebenen Dinge ganz, ganz dringend.

Wie kann ich das noch etwas besser verständlich erklären? Soll ich schon wieder einen hinkenden Vergleich bemühen. O.k. aber nur ganz kurz!

Deine Homepage ist ein Zirkuszelt!

Stell' Dir vor, ein Zirkus kommt in die Stadt.
Er baut auch ein schönes, **buntes Zelt** irgendwo auf, wie sich das für einen Zirkus gehört.
Und er macht ganz viel Werbung für seine Veranstaltungen:
Er hängt **Plakate** an jede passende und weniger passende Stelle.
Die Clowns verteilen an der Haustür **Flugblätter**.
Die Dompteure laufen mit Elefanten, und allerlei Getier durch die Fußgängerzone…
Leichtbekleidete Artisten geben **kleine Vorstellungen** an Schulen und verteilen **Eintrittskarten zum halben Preis**… und so weiter und so fort.
Die Leute vom Zirkus wissen genau was funktioniert, die machen das seit Jahrhunderten!

Wenn ich den Zirkusdirektor nun fragen würde: "Machen Sie auch Werbung für Ihren Laden?" Was hätte ich zur Antwort gekriegt?
Etwa: „**Wir haben ein schönes, buntes Zelt aufgebaut! '? Wohl nicht.**

Das **Zelt ist wichtig** und ist auch die Basis für alle Besucher, für die Vorstellungen und letztendlich auch für das Geldverdienen. **Das Zelt ist Deine Website!**

Aber die Werbung die läuft schlicht woanders.

Und wenn sie richtig gemacht wird, dann werden die Leute Schlange stehen und viel Eintritt bezahlen, um dann etwas zu erleben.
Für Dich heißt "**Werbung im Internet**" jetzt eben auch: Raus mit den Elefanten! Ran an die Leute in der Fußgängerzone! Zielgruppen finden, Angebote machen. Und immer Neugierde wecken und glänzen. Und lächeln.
Dann werden die Menschen auch zu Deiner Homepage kommen und alles läuft wie geplant!

Zu den Elefanten, leichtbekleideten Mädchen und dem ganzen Trallala kommen wir später. Wie Du schon ganz recht vermutest, spielt sich das dann überwiegend auf den "sozialen Medien" ab.
Was wir jetzt nochmal genauer anschauen, **ist Dein Zirkuszelt** und Deine vorbereiteten Attraktionen.
Du musst nämlich auch die Erwartungen der Leute in der Schlange erfüllen, sonst gibt's böse Kommentare.
Und beim nächsten Mal keine Erlaubnis vom Ordnungsamt.

Deine Website als Mittelpunkt

Zu den allerersten, zumeist wirkungslosen Websites habe ich ja schon einiges gesagt.
Mittlerweile sind wir aber schon viele Seiten und einige Erkenntnisse weiter. Das Internet 2.0 und die "neuen" sozialen Medien haben Deine Website nämlich nicht etwa überflüssig gemacht! Ganz im Gegenteil.
Dein Internet-Auftritt ist in diesem neuen Zusammenhang so wichtig wie noch nie!

Denke dabei an das Zirkuszelt: Was nützt Dir Deine tolle Werbung, Dein aufgetauchter Eisberg und Dein super sympathischer Eindruck auf die Welt, **wenn Du keine Anlaufstelle bieten kannst?**
Wohin kannst Du die Leute schicken, die Du auf dem Marktplatz, in sozialen Medien oder schlicht an einer Theke triffst. Du kannst viel von Dir erzählen und Dich als Experte beweisen.
Aber ganz am Ende solltest Du immer eine "Visitenkarte" zurücklassen. Eine Karte mit Deiner Adresse - und im Internet ist das nun mal **die URL Deiner Website**.
Wenn Du schon seit vielen Jahren eine "Homepage" hast, solltest Du jetzt aber auch den Gedanken mit dem Zirkus zu Ende denken.

Wie sieht Dein Zirkuszelt aus?

- Ist es einladend?
- Ist es beleuchtet?
- Ist es offen oder sind etwa alle Eingänge zugezogen?
- Hängen da noch Plakate von längst gewesenen Vorstellungen?
- Gibt es Attraktionen und Leben auf dem Gelände oder will der Besucher am liebsten gleich wieder abhauen?

Ich habe mich bei der Recherche für dieses Buch sehr ausgiebig auf vielen Websites von Handwerksbetrieben umgesehen. **Da gibt es tatsächlich einige ganz gelungene Beispiele.** Originell, informativ, sympathisch und mit Herzblut gemacht.

Solche, wo man einfach "**einen guten Eindruck**" von der Firma gewinnt, und da im Auftragsfall auch gerne mal anruft.
Aber es gibt auch **gruselige Beispiele**. Und zwar gefühlt viel mehr als von der schönen, guten Sorte.
Leider.
Wo Dich **lieblos gemachte Fotos** von extrem langweiligen Projekten verwirren. Wo vor lauter Geraffel und Ablenkung gar nicht erkennbar ist, **was eigentlich gezeigt werden sollte**.
Wo in **unaufgeräumten Werkstätten** Mitarbeiter zu erkennen sind - die eigentlich nicht zu erkennen sind.
Weil sie viel zu klein irgendwo im Hintergrund stehen.
Ich habe ein Foto gesehen, auf dem drei Mitarbeiter abgebildet sind. Vermutlich beim Arbeiten… jedenfalls sind die Jungs nur von hinten zu sehen!

Hallo - geht's noch?
Hier kommt ein Gast zu Tür herein und wird mit dem A… angeschaut.
Wo im Gästebuch der letzte Eintrag drei Jahre alt ist - und dazu dann noch eine bis heute unbeantwortete Frage!
Wo unter "Aktuelles" der Hinweis auf eine offene Lehrstelle steht. Der damals gesuchte Lehrling hat aber schon seit zwei Jahren seine Ausbildung abgeschlossen.
Das klingt jetzt sicher alles ziemlich übertrieben und ausgedacht. Ist es aber leider nicht.

Es gibt tausende von Firmen-Seiten, die vor Jahren programmiert wurden, und seitdem einfach "sind".
Die liegen im Koma - ehrlich.

Die Fäden in der Hand behalten
Und da sind wir schon bei einem weiteren Punkt.
"Früher" hast Du eine Website **programmieren lassen**.
Von einer Werbeagentur oder einem IT-Crack.

Oder aber vom damaligen Freund der
Tochter eines guten Bekannten. Der hieß Marc. Oder so... Egal, weil er ist nicht nur der damalige Freund, sondern der ehemalige Freund. Und auch die Tochter Deines Freundes studiert mittlerweile im Ausland irgendetwas Tolles.

Worauf ich hinaus will: Änderungen an Deinem Internet-Auftritt kann am einfachsten **der machen, der die Unterlagen und die Zugangsdaten hat**. Natürlich nicht **nur** derjenige, aber wenn man sich nach Jahren ins Backend einer "fremden" Seite reinfummeln muss, dann ist das mit einigem Aufwand verbunden.
Und was machen wir mit Aufwand? Genau - den versuchen wir zu umgehen und zu vermeiden.
Und deshalb gibt es so viele kleine Betriebe, die wohl wissen, dass neue Fotos und ein paar aktuelle Informationen auf der Seite schon schön wären.
Aus den bekannten Gründen landet das Vorhaben dann aber doch auf dem Stapel: "Etwas komplizierter - nicht dringend - wird irgendwann mal angepackt".

Das auch deshalb, **weil wir Menschen lieber Projekte anpacken, die mit wenig Aufwand viel Ergebnis bringen.** Und daran mangelt es ja im Alltag auch nicht.

Die eigene Homepage schauen wir nur zweimal im Jahr an - wie soll es dieses "Projekt" dann weiter hoch auf die Prioritätenliste schaffen?
Und wie hieß eigentlich damals dieser programmierende Ex-Freund? Der mit den ganzen Zugangsdaten für das etwas antiquierte Back-End? (Back-End ist übrigens der Bereich, der nur für Programmierer sichtbar ist - also der Programm-Code).

Deshalb ein ganz wichtiger Tipp: Wenn Du Deine Website für Deinen neuen Web-Auftritt fit machen willst, dann sorge dafür, **dass Du alle Fäden in der Hand behältst!**

Du musst zukünftig **selbst** mit ein paar Klicks neue Texte und vor allem neue Bilder einfügen können. Du solltest wissen, wie Du neue Unterseiten anlegst. Du solltest Dich im Statistik-Bereich auskennen, d.h. Du kannst auch die Besucherzahlen jederzeit abrufen.
Und Du sollst einfach und schnell "neuen Content", also neue Inhalte, auf Deine Website bringen können.

Zwei Wege zur perfekten Homepage
Es gibt hier zwei unterschiedliche Ansätze, die genau darauf Wert legen.

1. Der klassische Weg: Du beauftragst eine **Werbeagentur** damit.
Das klingt jetzt mal nicht besonders spannend, sollte es aber trotzdem sein.
Heutzutage legt eine gute Agentur nämlich großen Wert darauf, dass die Seite sehr gut zu Deinem Betrieb und vor allem zu Deiner Kundschaft passt.

Das heißt, Du wirst im Entstehungsprozess mit eingebunden und solltest Dich dann auch **mit dem ganzen Projekt auseinander setzen.** Und mit dem Ergebnis identifizieren können. **Der Internetauftritt als "Chefsache" sozusagen.** Deine "neue" Homepage sollte auch ganz klar als **"CMS"** aufgebaut sein: Das bedeutet **"Content Management System"** und besagt, dass Du jederzeit die "Inhalte" (den Content) selbst "managen" kannst. Wie schon besprochen, kannst Du zukünftig ohne Aufwand neue Texte, Fotos und sogar neue Unterseiten einfügen oder bearbeiten.
Ohne einen Profi oder Programmierer damit zu beauftragen. Eine gute Agentur bietet Dir eine Einweisung und die nötige Unterstützung bis alles fehlerfrei läuft.

Es gibt mittlerweile auch einige ganz ordentliche Anbieter von sogenannten **"Baukasten"-Systemen**. Diese Programme ermöglichen relativ einfach den Aufbau einer Firmen-Homepage wo genau dieses "CMS" berücksichtigt wird.
Dabei ist **die äußere Form, also das Aussehen und der Aufbau der Seite getrennt von den Inhalten**. Es gibt eine große Auswahl an Vorlagen für die unterschiedlichsten Branchen. Sobald man den eigenen Inhalt, also eigene Texte und Fotos, eingefügt hat, sieht das in kurzer Zeit dann schon gleich ziemlich vorzeigbar und professionell aus.

Der Nachteil: Da immer mehr, vor allem kleine, Firmen auf diese Art ihre Website erstellen, ist das Ergebnis dann **nicht unbedingt einzigartig und originell**. Da kann es schon vorkommen, dass sich die Homepage vom Reifen-Service und vom Autohaus ziemlich ähnlich sehen.
Eine erfahrene Agentur schafft es aber sicher, auch mit diesen "Fertig-Baukästen" eine passende und

funktionierende Website für Dich zu erstellen. Und vor allem eine, die Du in den nächsten Jahren dann auch ohne weitere Hilfe "bedienen" kannst.

Ein **weiterer Vorteil**, der für die Agentur spricht, ist das **SEO**. Wer jeden Tag mit Internet-Marketing zu tun hat, weiß genau, wie Suchmaschinen ticken. Er kann die wichtigsten Keywords dann an den richtigen Stellen einbauen, so dass Deine Seite z.B. bei Google auch gefunden wird.

2. Hier die zweite Möglichkeit, um an eine funktionierende Website zu kommen:

Mache Dich zu diesem Thema schlau und erstelle selber Deine Homepage!
Und dabei geht es nicht darum, das Geld für die Agentur zu sparen. Zumindest nicht in erster Linie.
Bevor jetzt das große Gejammer losgeht von wegen: "Wann soll ich denn das noch lernen, ich bin doch kein IT-Spezialist??!", hier ganz schnell die gute Nachricht: Das ist heutzutage **überhaupt kein Problem.**

Vielleicht ist es eine Herausforderung wie alles, was man zum ersten Mal macht. Aber es ist wirklich super einfach und stressfrei ohne Anstrengung zu machen. Ehrlich!
Und wenn Du jetzt reflexartig überlegst, wen ich mit "Du" gemeint haben könnte: Dein Sohn, ein guter Freund, ein aufgeweckter Lehrling oder sonst jemanden, der nicht gut "nein" sagen kann…. Dann nochmal zum Mitschreiben: **Du bist wirklich gemeint!**

Als Chef, Unternehmer, Einzelkämpfer, Mittelständler, wie auch immer. Alle anderen üblichen Verdächtigen scheiden hier aus.

Und warum?

Weil Du Dich sonst in kurzer Zeit in den Allerwertesten beißen wirst. Du willst dann nämlich "schnell" die Homepage oder eine Unterseite auf den allerneuesten Stand bringen, **und musst dafür jemanden anrufen.** Jemanden, der gerade diese Woche ganz wenig Zeit hat - weil er nächste Woche für zwei Wochen in Urlaub fährt…
Kapiert um was es geht? Du kannst jetzt ein wenig Zeit investieren, und dann zukünftig innerhalb von fünf Minuten einen kleinen Text oder ein aktuelles Bild hochladen. Das geht schneller, als Deinen ehemaligen Lehrling oder gestressten Sohn auch nur darum zu bitten.

Was Dich natürlich nicht daran hindert, eine zweite Person in das Geschehen einzuweihen. Wenn man sich zu zweit in so was reinfuchst hat das ja auch Vorteile.
Und Du fährst ja vielleicht auch mal für zwei Wochen in Urlaub und dann ist da noch jemand, der die Homepage "bespielen" kann.

Aber hier nochmal mein Rat: Mache Dich nicht abhängig!
Im Anhang werde ich noch ein paar Link-Tipps für Homepage-Baukasten-Systeme geben. Ein verregnetes Wochenende und ein ernst gemeinter Wille reichen für Einarbeitung und Umsetzung da oft aus.

Eventuell lohnt sich als Auftakt für Deine zukünftigen Aktivitäten im "Internet 2.0" ja sogar **eine komplette Überarbeitung der bestehenden Website**. Das wäre dann schon ein schönes Thema für einen Newsletter oder eine andere Veröffentlichung.
Ich kann jetzt hier auch zum Thema "Website" nicht zu sehr ins Detail gehen. Wie zu allem, gibt es auch hier ganz spezielle Veröffentlichungen, Blogs, Podcasts, E-Books und vor allem unzählige Video-Anleitungen, die sich ausschließlich mit diesem Thema auseinandersetzen.

Was ist bei Aufbau und Inhalt der Website zu beachten?

Egal ob Du nun eine Agentur zusammen arbeitest, oder Dich selber an die Sache machst: Ein paar Punkte, die mir wichtig sind, will ich aber noch beschreiben.

Wähle für Deine Homepage einen **griffigen Namen**. Wie schon besprochen, kann man sich "sprechende" Namen besser merken. Und man weiß auch gleich, was sich dahinter verbirgt. "Schreinerei-Deck.de" oder "Fleischerei-Müller-München.de" oder etwas in der Art. Die Suchmaschinen bewerten solche Namen auch besser als irgendwelche Fantasie-Namen oder nichtssagende Abkürzungen.

Dein Auto mit Beschriftung wird von vielen Menschen gesehen. Wer kann sich auf die Schnelle Deine Telefon-Nummer merken?

Aber eine leicht verständliche Web-Adresse, die läuft rein und an die kann man sich auch abends am PC noch erinnern. Oder man hat sie schnell per Google gefunden.

Was ist zum Aufbau Deiner Website unbedingt zu sagen:

Halte Deine Website schlicht und übersichtlich!

Ganz wichtiger Punkt!

Der "Nutzer", also Kunde oder auch Interessent kommt auf Deine Seite und will sich informieren. **Er will nicht bespaßt oder unterhalten werden.** Also keine komischen Animationen oder Effekte oder so Zeug! Weg damit. Keine Musik oder sonstigen Ablenkungen.

Und was da noch reinspielt: Der ganze Schnickschnack kostet **Ladezeit!** Heutzutage will kein Besucher 10 Sekunden warten, weil Deine vollgestopfte Seite so lange zum Laden braucht.

Beobachte Dich einmal selber beim Surfen - wie viel Zeit gibst Du einer Website um sich vor Dir zu präsentieren? Siehste!
Eine einfache und **sofort verständliche Navigation** ist heute einfach Standard. Biete dem Kunden **einen ersten, superguten Eindruck**. Dabei helfen: Ein angenehmes, passendes und **persönliches Hintergrundbild**, eine funktionale und gut **lesbare Schrift** und eine **aufgeräumte Gestaltung**. Wie schon erwähnt: Der erste Eindruck ist auch im virtuellen Leben oft entscheidend.
Biete dann **maximal vier oder fünf weiterführende Menüpunkte**, wo Dein Gast weitere Informationen erhält. Nicht mehr!

Und ordne diese Punkte so an, dass sie auch ein Blinder findet.
Ein Besucher, der erst lange nach etwas suchen muss, der ist schnell weg. Und kommt so bald auch nicht wieder.
Was könnten diese **Unterseiten** sein, die Dein Kunde unwiderstehlich findet?

Eine solche Seite könnte heißen: **"Unsere Produkte und Dienstleistungen"**. Das dient dazu, dass der Besucher sich darüber informieren kann, ob er mit seinem Problem bei der richtigen Firma gelandet ist. Hier gibt es dann eine Aufzählung der Produkte und Leistungen, mit denen Ihr normalerweise Kunden glücklich macht. Hier ist es besser, sich **auf die wichtigsten Punkte zu konzentrieren** um nicht als "Bauchladen" mit einem überladenen Angebot zu erscheinen.
Eine saubere Aufzählung, auch gerne in Tabellenform, wird auch von Google gefunden und gemocht. Um das Angebot zu erklären dürfen hier natürlich auch **aussagekräftige**

Bilder nicht fehlen! Also jede Menge Fotos, um zu beweisen, was Ihr so drauf habt.
Aber auch hier gilt: Ehrlich bleiben!
Nicht in erster Linie schöne Fotos von einer Millionenvilla zeigen, wo ihr nur die Schließanlage oder die Kellerfenster geliefert habt.
Und nicht nur die handgezinkten Schubkästen vom Gesellenstück darstellen, wenn ihr ansonsten nur weiß beschichtete Spanplatten verarbeitet.

Immer **auf dem Teppich bleiben** und Dinge zeigen, die Ihr erfolgreich und vor allem selber gemacht habt. Die Fotos und Texte sollten allerdings perfekt sein! Mindestens.
Ein paar unscharfe oder unterbelichtete Bilder von einem begehbaren Kleiderschrank - oder war es eine Speisekammer, war halt nicht zu erkennen - schrecken ganz schön ab. Aber jetzt bitte nicht den Fehler machen, einfach ein paar passende Fotos irgendwo zu kaufen! Die Seite heißt nämlich: "Unsere Produkte..." und nicht: "Schau mal, was für schöne Bilder wir im Internet gefunden haben!" Das will niemand sehen und bringt auch niemanden weiter.
Der Kunde soll spätestens auf dieser Seite erkennen, ob er bei Dir im richtigen Laden ist. Für Dich auch ein Vorteil, weil dann auch die zukünftigen Anfragen einfach besser passen.

Um die Leistungsfähigkeit und die Qualität zu "beweisen", helfen auch ganz besonders **Aussagen anderer Kunden**. Bei vielen Shops oder Bewertungsportalen ist man mittlerweile daran gewöhnt, sich an Nutzer-Meinungen zu orientieren. Wenn es Dir gelingt, aktuelle und ehrliche Kunden-Aussagen, Meinungen, Briefe oder einfach

Ausschnitte aus Mails zu bekommen: Super, nichts wie her damit.
Aber halt aktuell halten! Wenn die letzte Aussage eines Kunden schon fünf Jahre alt ist, dann kann das zu einer falschen Einschätzung führen. Oder habt Ihr in den letzten vier Jahren nur Mist gebaut? Sicher nicht.
Also nochmal: Bewertungen sind super und helfen beim Eindruck machen. Aber es muss ein System geben, wo regelmäßig die Einträge aktualisiert und ausgetauscht werden.

Vielleicht habt Ihr ja **ein USP** und wollt darauf hinweisen? Das ist nicht etwa ein neuer Paketdienst sondern so heißt bei Profis Eure "**Unique Selling Proposition**". Also ganz einfach Euer "**Alleinstellungsmerkmal**". Das wäre dann etwas, was Euch von der Masse oder zumindest Eurem direkten Wettbewerb abhebt. Gibt es eine ultra-moderne Maschine, eine alte Handwerkstechnik oder Wissen zu einem seltenen Material, **was nur bei Euch zu finden ist?** Könnt nur Ihr Bienenkästen bauen oder mit alten Schellack-Polituren umgehen? Das muss natürlich auf der Homepage entsprechend deutlich gewürdigt werden! Vielleicht lohnt sich ja sogar eine eigene Unterseite zu diesem speziellen Punkt? Die Suchmaschinen lesen brav mit, und wer nach diesem ganz besonderen Produkt oder der exklusiven Technik sucht, landet vielleicht exakt auf Deiner Seite. Weil die Konkurrenz das nicht erwähnt und beschreibt.

Eine weitere Seite, die oft und gern auf Websites auftaucht: **Über mich!** Oder auch "**Über uns**", je nachdem.
Da kannst Du Dich dann in den hellsten Tönen und schönsten Farben darstellen und dem Besucher klarmachen,

dass er **endlich eine ganz besondere Person gefunden hat: Dich!**

Kannst Du. **Solltest Du aber nicht!**
Nutze diese Seite vielmehr, um Dich von den vielen "Über mich"-Seiten im Netz abzuheben. **Mache eine "Über-Dich-Seite" daraus.**

Beschreibe die Situation Deines Kunden. Lass andere Kunden in Form von kurzen Statements oder Dankschreiben über Dich sprechen. Mache dem Besucher klar, dass er auf seiner Seite - der Seite mit echten Problemlösungen für ihn, angekommen ist.
Und dann, etwas weiter unten oder auch ganz am Ende der Seite kommt dann ganz cool: "Mein Name ist übrigens xyz, und ich freue mich echt ganz arg, dass Sie Interesse an unseren Leistungen haben." Dazu ein kurzer Überblick über Deine Lebenserfahrung und Deine Qualifikation…. Noch ein offenes, sympathisches Foto von Dir oder Deiner Mannschaft dazu - fertig.

Also nochmal: "Über mich" oder "Über uns" ist keine Laudatio, keine Lobeshymne und kein Bewerbungsschreiben. Der Besucher soll in erster Linie etwas darüber erfahren, **wie Du oder Dein Team ihm in seiner Situation helfen könnt**. Und dann noch, mit wem er es zu tun hat. Aber nicht umgekehrt!

Ganz wichtig, weil **oft das eigentliche Ziel Deines Besuchers**: **"Kontakt"**. Hier kann der Besucher die Möglichkeit finden, **schnell und einfach** eine Mail an Dich zu schicken. Deine Kontaktdaten, Telefon, Mail, Fax sowie **natürlich Deine Adresse** stehen auch auf dieser Seite.

Ob Du eine kleine Landkarte oder gar einen Routenplaner mit einbindest ist Geschmackssache. Manchmal ist weniger auch mehr. Und die beste Form ist gefunden, wenn man nichts mehr weglassen kann.
Eine extrem wichtige und früher oft vernachlässigte Seite ist das **Impressum**. Das ist aber schlicht und einfach **gesetzlich vorgeschrieben**, für jede "nicht ausschließlich privat genutzte" Seite im Netz.
Ich kann hier mal wieder keine Rechtsberatung geben, aber Name, Anschrift, Steuernummer, Erreichbarkeiten etc. werden da verlangt und müssen aufgeführt sein, sonst drohen schnell Abmahnungen von findigen Rechtsanwälten. Es gibt spezielle Seiten im Internet, wo Du Deine Daten eingeben kannst und dann ein hübsch gestaltetes und vor allem gesetzeskonformes Impressum erhältst. Da stehen dann auch die nötigen Haftungsausschlüsse für weiterführende Links usw. drin. Das kannst Du dann an der entsprechenden Stelle in Deine Website einfügen und bist auf der sicheren Seite. **Also nicht vergessen und ruhig auch nochmal bei Experten schlau machen: Das Impressum**.

Eine weitere Unterseite auf Deiner Homepage könnte, je nach Bedarf, auch **eine sogenannte "Landingpage"** sein. Allerdings sind sich auch die Experten nicht einig, ob dafür nicht eine komplett eigene Website die bessere Variante wäre. Um was geht es?
Stell Dir vor, Du willst eine **ganz bestimmte Sache**, ein Produkt, ein Buch oder ein besonderes Angebot gezielt bewerben.
Da macht es Sinn, wenn Du über verschiedene Maßnahmen Kunden für diese Sache begeistern kannst. So weit, so gut. Diese Interessenten sollten dann aber nicht auf Deine "normale" Standard-Homepage geführt werden, wo sie vor

lauter Fotos, Informationen und guten Eindrücken ganz schnell vergessen, warum sie eigentlich hier sind.
Eine Landingpage, also quasi die "**Landebahn**" ist extrem schlicht und einfach aufgebaut. Da lenkt nichts ab und der Besucher bekommt auch nicht viel Auswahl: Ein kurzer Text, vielleicht ein Bild oder ein Video, aber nur ganz speziell zum Thema.
Und dann natürlich der wichtigste Teil: **Ein "Button", also ein Feld zum Anklicken**, wo der Kunde das machen kann, was Du vorgesehen hast. Und weshalb er, woher auch immer, auf genau diese Seite gekommen ist.
Beispiel: Du schreibst in einem Rundschreiben über ein bestimmtes Thema oder ein Produkt. Jetzt kannst Du da einen Link einfügen nach dem Motto "Wenn Sie an unserem neuen Prospekt zum Thema interessiert sind, klicken Sie bitte hier:". Der Kunde kommt durch diesen Klick dann nicht auf Deine Homepage sondern direkt auf die "Landingpage" für genau diesen Anlass. Er wird nicht abgelenkt sondern dazu ermuntert, das Prospekt durch nur einen weiteren Klick zu bestellen. Oder sich für Deinen Blog einzutragen. Oder nach einem Außendienst-Termin zu fragen, oder, oder…

Wenn er auf Deiner Homepage erst noch danach suchen muss, wie er jetzt an die versprochene Info kommt… dann ist er wahrscheinlich schneller weg, als Du ahnst.
Wenn Du, wie empfohlen, Herr und Administrator Deiner eigenen Seite bist, kannst Du diese Landingpage einfach anpassen. Und durch einen einfachen Haken im Dashboard aus- und einschalten. Wenn die Seite nicht gebraucht wird, ist sie dann unsichtbar.

Wenn die Website dann steht - entweder aufgehübscht oder als komplett neue Schöpfung, **dann zählt natürlich jeder Besucher!**
Ich sage Dir sicherlich nicht Neues aber sicherheitshalber hier nochmal der Hinweis: **Deine URL, also Deine www.meine-Firma.de - Adresse kann gar nicht genug verbreitet werden!** Auf Deinem Geschäftspapier, auf Deiner Fahrzeugbeschriftung, Anzeigenwerbung, Visitenkarte, und ganz wichtig: In Deiner E-Mail-Signatur! Jeder, der irgendwie mit Dir in Kontakt kommt, soll darüber stolpern. Deine Mitarbeiter tragen das zukünftig auf dem Rücken ihrer Berufskleidung, und wenn Du einen Verein unterstützt, taucht da in Zukunft auf: "**Uns wurde geholfen von: www.schlosserei-xyz.de**".

Zusammenfassung

Eine gute, gepflegte Homepage ist extrem wichtig, für alles, was Du im Internet unternehmen willst.
Es gibt gewisse Regeln und Erfahrungen, die man beim Erstellen der Homepage einhalten sollte. Wenn Du Dir ganz aufmerksam viele verschiedene Seiten anschaust, dann kommst Du mit Deinem handwerklichen Sachverstand auch bald dahinter, was "gute" von "schlechten" Seiten unterscheidet. Abgesehen vom persönlichen Geschmack.
Gute Seiten werden von Suchmaschinen besser gefunden und der "Finder" freut sich über gute Inhalte.
Manchmal ist Information aber auch nur Ablenkung, und dann solltest Du Dir die Einrichtung einer schlichten aber zweckmäßigen Landingpage überlegen.
Durch bewusste Maßnahmen hast Du es selbst in der Hand, wie viele Kunden auf Deiner Homepage vorbei schauen.

Agentur oder doch lieber selber machen?

Ob Du mit einer Agentur zusammen oder alleine dieses wichtige Thema angehen willst, das hängt von Dir ab.
Ich würde vielleicht folgendes Vorgehen vorschlagen: Nimm Dir eine gewisse "Frei-" Zeit, abseits und ungestört vom Tagesgeschäft. Mache Dir ganz bewusst Gedanken zu den Punkten, die ich angesprochen habe: Was will ich bewirken? Wen will ansprechen? Was soll die Website ausstrahlen und über uns aussagen?

Nimm Dir genügend Zeit, um Web-Auftritte von Kollegen oder Firmen anderen Branchen aber in ähnlicher Größe zu besuchen. Und zu bewerten.
Dabei kannst Du Dich zu einem guten Teil auf Dein Bauchgefühlt verlassen!
So lange, bis Du weißt, worauf Du bei Deiner Website Wert legen willst und wie die Wirkung sein soll. Im nächsten Schritt kannst Du Dich bei den verschiedenen Anbietern von CM-Systemen über die Möglichkeiten und Kosten schlau machen.
Du kannst bei vielen Anbietern die verschiedenen "Templates", also Vorlagen, auch beispielhaft und kostenlos mit Deinem Logo und ein paar Texten und Bildern füllen. Also einfach so mal unverbindlich ausprobieren und miteinander vergleichen. Du erkennst dann schnell, was wie rüberkommt und womit Du Dich wohlfühlen würdest.
Wenn diese wichtige Vorarbeit getan ist, dann bist Du auf jeden Fall dem Ziel schon ziemlich nahe. Jetzt kannst Du entweder innerhalb von Minuten oder höchstens Stunden Deine Website fertigstellen und freischalten.

Oder jetzt mit dem ganzen Wissen, den Texten, Bildern und Deinen genauen Vorstellung zu einer Agentur gehen.

Die macht dann den Feinschliff und die nötigen technischen Schritte wie Mail-Konten, SEO-Maßnahmen, Social-Media-Plugins etc.

Das Ergebnis dieser Zusammenarbeit wird umso besser, je genauer Du Dich vorbereitet hast.
Wenn Texte (oder Textvorschläge) und gute Fotos schon in einer virtuellen Mappe bereit liegen. Wenn Du den Leuten da genau sagen kannst, wie das Ergebnis aussehen soll. Und vielleicht schon Deine Wunsch-Vorlage bei Deinem Wunsch-Provider nennen kannst.

Was bei dem Ganzen wichtig ist und hängen bleiben soll: **Die Homepage ist DEINE Homepage!** Ein lebendiger Teil Deiner Firma.

Eine Anlaufstelle, auf die man gerne und stolz hinweist! Kein Kunstprodukt, was eine Web-Agentur mit Bildern und Texten aus dem Internet mal schnell und unpersönlich gezaubert hat.

Und als letzten brandaktuellen Tipp: Immer mehr Menschen nutzen das Internet nicht am heimischen oder betrieblichen PC. Die Entwicklung hat gezeigt, **dass schon mehr als 40% der Seitenaufrufe von Tablets oder mehr noch vom Smartphone kommen**. Und es wundert nicht, dass das auch die Suchmaschinen, allen voran Google, nicht nur bemerkt sondern gleich auch in ihr Konzept eingebaut haben. Google straft seit April 2015 Websites die das nicht "auf dem Schirm" haben, durch eine gnadenlose Abstufung im Ranking!

Achte also **ganz bewusst** darauf, dass Dein Internetauftritt auch oder gerade **für kleine Bildschirme**, für Smartphone-Displays optimiert ist! Und prüfe auch in regelmäßigen Abständen, wie Deine Seite auf den verschiedenen Geräten angezeigt wird. Diese Verlagerung vom PC auf die Hosentaschen-Computer ist nämlich **ein Trend, der sich in den nächsten Jahren enorm verstärken wird**.

8.5 Dein Blog

Jetzt kommen wir zu einer weiteren Spezial-Variante einer Homepage.

Dem Blog.
Ein ganz wesentliches Merkmal bei allen Aktivitäten in den Sozialen Medien und generell bei Deinem Auftritt im Internet ist das **"Tun"**. Also ganz bewusst **nicht das "Sein"**, sondern die wesentlich aktivere Form davon. Es geht darum, so regelmäßig und so oft wie möglich der ganzen Schar auf dem Marktplatz zu sagen: **"Ich bin noch da! Wir sind aktiv! Von uns kannst Du was lernen!"**
Einen Internet-Auftritt zu "haben" war früher. Jetzt geht es darum, das alles mit Leben zu erfüllen. Regelmäßig.
Und sichtbar.

Der Blog - oder das Blog?
Eine ganz wunderbare und in vielerlei Hinsicht wirkungsvolle Möglichkeit dazu ist **der Blog**.
Oder das Blog.
Ist laut Duden beides in etwa gleich richtig und Geschmackssache. Ich bleibe bei DER Blog, und bei DAS Bloggen.
Der Begriff ist die Abkürzung von **Weblog**, was frei übersetzt so etwas wie ein "**Logbuch im Internet**" beschreibt.
Wenn wir an ein **Logbuch** denken, kommt automatisch schon der Gedanke an eine **bestimmte Regelmäßigkeit** auf. Ob Schaluppe, Dampfer oder Sternenkreuzer: Schon immer war es normal, dass der Kapitän täglich in seinem

Logbuch über Vorkommnisse, Veränderungen und vor allem den **aktuellen Standort** berichtete.
Seit vielen Jahren gibt es im Internet zu unendlich vielen Themen Blogs, d.h. es gibt Menschen, **die regelmäßig über ihr Tun berichten**.

- Da gibt es z.B. "**Reiseblogs**", mit Berichten und vor allem Fotos. Der Leser oder Abonnent kann quasi aus der Ferne die Reise miterleben.
- Da gibt es "**Modeblogs**", wo modebegeisterte Menschen fast täglich über die neuesten Muster, Stoffe, Trends und Rocklängen berichten.
- Es gibt "**Musikblogs**" mit Konzert- und CD-Besprechungen wo man auch mal auf neue Musikrichtungen aufmerksam wird.
- Es gibt Bauherren, die auf einem "**Erfahrungsblog**" von der ersten Planung über die Baufreigabe bis zum Einweihungsfest täglich über die Erlebnisse mit und beim Bauen erzählen.
- Es gibt **Handwerker-Blogs**, die z.B. wöchentlich über ein bestimmtes Thema aus der Branche schreiben - über einen Messebesuch berichten, ein Kundenprojekt im Detail vorstellen usw.
- Foto-Blogs, Heimtier-Blogs, Sport-Blogs, Themen-Blogs, von Robotik über 3-D-Druck und VW-Käfer-Besitzer bis zu Gartentipps - **es gibt in der Blogger-Szene wirklich kaum eine Nische, die noch nicht besetzt ist**.
-

Die einzelnen **Blog-Posts**, das sind die jeweiligen "**Beiträge**" oder Einträge auf dem Blog, werden **in chronologischer Reihenfolge abgelegt**.

Der letzte und aktuellste Beitrag steht gleich ganz oben und durch "Runterscrollen" kann man sich anschauen, was davor schon alles geschrieben wurde.
Es gibt normalerweise zusätzlich ein **Index-System**, so dass man die einzelnen Beiträge zu verschiedenen Themen zusammenfassen kann. Bei einem "Schreiner-Blog" wäre das z.B. "Material", "Konstruktion", "Oberfläche", "Montage", "Betriebsführung" etc.
Der Besucher muss sich nicht durch alle Beiträge wühlen, sondern kann schon mal da reinschnuppern, wo ihm etwas interessant vorkommt. Über eine Suchfunktion kann man auch direkt nach Beiträgen suchen, die zu einem bestimmten Suchwort passen.

Was macht Bloggen zu "Social Media"?
Was ist das "soziale", also das, nennen wir es ruhig mal "werbewirksame", beim Bloggen?

Zwei Dinge fallen mir da gleich ein:
Erstens haben die allermeisten Blogs die Möglichkeit, **die einzelnen Blogbeiträge zu kommentieren**. Die Leser kommen so mit dem Schreiber direkt in einen Austausch. Oft werden Kommentare von anderen Lesern wiederum kommentiert und so kommt bei manchen, etwas strittigen, Themen da ganz schön Wind in die Bude.
Auf jeden Fall kommen Menschen ins Gespräch und der Blog-Betreiber ist der Mittelpunkt des Ganzen.
Die andere Sache ist die Möglichkeit, **einen Blog zu abonnieren**.
Ein guter Blogschreiber mit interessanten Themen und einer netten Art und regelmäßigen, wertvollen Inhalten, kann sich dadurch eine regelrechte "Gefolgschaft" oder "Fangemeinde" aufbauen. Andere Bezeichnungen sind

"Community" oder "Tribe". Diese "Leser" bekommen automatisch immer die neuesten Blogposts auf ihren Rechner oder ihr Handy.
Sehr schön, wenn man mit jedem **Posting** dann automatisch ein paar hundert oder sogar mehr als tausend Leser sicher erreicht. Noch schöner, weil diese Leser dem Schreiber schon bald **sehr weit vertrauen**. Wie einfach ist es aus dieser Position, dem treuen Leser ab und zu eine nett verpackte Werbebotschaft unterzujubeln!
Ein Empfehlungs-Link zu einem Anbieter oder Shop in Deiner Nische bringt pro Click eine kleine Vergütung… Der dezente Hinweis auf die eigenen Angebote bringt Kunden auf die Homepage oder in den Laden…

Und die vielen Besucher und Kommentare zeigen den **Suchmaschinen**, dass hier wirklich **ein Experte** am Start ist.
Ich könnte jetzt an dieser Stelle noch sehr ausführlich über die Eigenheiten, die Spielregeln und weitere Vorteile des Bloggens eingehen.
Ich könnte hier beschreiben, wie Du mit speziellen Tools wie z.B. "WordPress" ohne großen Aufwand Deinen eigenen Blog in die Welt bringen kannst.
Oder wie Du einen Blog auf Deiner Homepage betreiben kannst. Das würde allerdings den Rahmen dieses Einsteiger-Buches bei Weitem sprengen.

Zu diesem Thema habe ich außerdem, wenn es **um bestimmte Handwerksbetriebe** z.B. im Bau- und Ausbaugewerbe geht, eine **etwas zwiespältige Meinung**.
Um es kurz zu machen: **Das Bloggen ist eine ganz phantastische Möglichkeit, im Internet sichtbar zu werden und Menschen zu erreichen**.

Durch die Konzentration auf ein bestimmtes Thema ergibt sich ein **Expertenstatus** und dann auch eine "Fangemeinde" die sehr gut zueinander passen.
Wenn du als langjähriger Blogger eine Meinung vertrittst, dann hat das gleich viel mehr Gewicht, und wird nicht als plumpe Werbung aufgefasst.

Ist Bloggen für Dich deshalb automatisch das Richtige?
Aber!
Aber jetzt kommt das "Aber".

Ich schreibe mein Buch für Selbständige, für Handwerksmeister und Kleinbetriebe, die sich zukünftig im Internet besser darstellen wollen.

Und meine ganz persönliche Erfahrung zeigt, dass für genau diese Zielgruppe das Bloggen nicht das Mittel der Wahl sein wird. Zumindest nicht für Alle und generell.
Was spricht nun, bei all den beschriebenen Vorteilen, **gegen** einen eigenen Blog?
Meiner persönlichen Erfahrung nach Folgendes:

Ein Blog beschäftigt sich mit **genau einem Thema!**
Je spezieller und auch spezialisierter die Inhalte auf dieses eine Thema zielen, umso wertvoller für den Leser ist das dann. Und umso erfolgreicher für den Blog-Betreiber. Wenn Du jede Woche zwei Blog-Beiträge zum Thema "Häkeln" schreibst, dann hast Du bald viele Leser, deren Hobby das Handarbeiten ist. Stark anzunehmen, dass in der Leserschaft ganz schön fleißig auch gehäkelt wird.

Soweit so gut. Das gilt auch für Leute, die über "Hochsee-Fischen", "Gemüseanbau" oder "Segelfliegen" schreiben. Also nicht das Häkeln, aber das spezielle Interesse.
Wie sieht das aber bei Deinem Wunsch-Kunden und Interessenten aus? Wenn ich jetzt mal <u>von einem Bau- oder Ausbaugewerk</u> ausgehe?

Da gibt es einen ganz deutlichen Unterschied:
Ein Hausbesitzer plant z.B. in nächster Zeit seine Fenster austauschen zu lassen. Oder wünscht sich einen neuen Bodenbelag im Wohnzimmer. Oder eine neue, sichere Haustür. Oder die Dämmung der Kellerdecke.
Zu allen diesen Themen kann er sich aus verschiedenen Quellen ganz gut informieren: Fachzeitschriften, Blogs von Fachverbänden, Informationen von Herstellern, Messen und Ausstellungen usw.
Er will gerade <u>jetzt</u> möglichst viel Wissen zu dem Thema aufsaugen!
Um dann mit dem Handwerker seiner Wahl über viele Details sprechen zu können…

Aber für **wie lange** würde er einen Blog zu diesem Thema verfolgen?
Wohl nur **so lange dieses Thema bei ihm ganz im Fokus steht**. Er wird wohl nicht "Fensterbau", "Innenausbau" oder "Haustüren" zukünftig **zu seinem neuen Hobby** machen, um sich jahrelang auf dem Laufenden zu halten.
Wird er nicht.
Er will gerade **nicht** über die Entwicklung einer neuen, besseren Haustür-Verriegelung informiert werden, nachdem er vor vier Wochen Geld für das "Vorgängermodell" ausgegeben hat.

Auch weil er sich nach dem Einbau der neuen Haustür um den nächsten Urlaub kümmert. Oder um die Anlage eines Gemüsegartens.

Oder um sein neues Hobby: Das Häkeln!

Die allermeisten Deiner gut recherchierten und perfekt formulierten Blog-Artikel werden zwar auf **viele interessierte Leser stoßen** - aber das sind dann Menschen, die vielleicht 482km weit entfernt wohnen. Und sich über Deine kostenlose Unterstützung freuen.

Deine Unterstützung dabei, sich mit ihrem Handwerker vor Ort besser auseinander setzen zu können.

Das nächste Argument, was man nicht zu gering bewerten darf:

Wie oben beschrieben - ***"Ein guter Blog-Schreiber mit interessanten Themen und einer netten Art und regelmäßigen, wertvollen Inhalten..."*** Es sind bei Dir vermutlich ein paar dieser **wichtigen Voraussetzungen einfach nicht gegeben.**

Du musst "**regelmäßig**", d.h. nicht nur alle drei oder vier Wochen, einen **perfekten** und **gut recherchierten** Text abliefern!

Du musst Dir für jeden Blogbeitrag von neuem überlegen, **was Deine Leser interessieren** könnte. Und was sie in der Zwischenzeit nicht schon dreimal an anderer Stelle gelesen haben. Du willst ja "**Mehrwert**" schaffen und interessant bleiben.

Du musst das Bloggen erlernen und Dich da auf dem Laufenden halten:

- Wie finde ich gute Themen?
- Wie schreibe ich gute Überschriften?

- Was für verschiedene Möglichkeiten für Postings gibt es?
- Was schreiben andere?
- Wie erhöhe ich die Reichweite und die Zahl meiner Leser?
- Wer kann mich unterstützen?

Dazu kommt dann noch das ständige Kommentieren und Überwachen der einzelnen Wortmeldungen, damit da nicht Sachen zu lesen sind, die Du nie gewollt hättest....

Und genau deshalb empfehle ich Dir ganz uneingeschränkt das Bloggen!

Für Dich aber besser **als Leser, als Abonnent!**
Versorge Dich auf verschiedenen Blogs mit Wissen, mit Meinungen, mit Trends und mit allem, was Du irgendwie für Dich nutzen kannst.
Du solltest z.B. unbedingt **den Blog Deines Lieferanten** oder Herstellers abonnieren! Weil da regelmäßig über Dinge berichtet wird, **die Dich in Deinen Job interessieren.** Zumindest interessieren sollten.
Im Gegensatz zu Deinem Privatkunden bleibst Du nämlich genau Deinem Thema treu!
Und das über Jahre und mit **ständigem Informationsbedarf**. Erkennst du den Unterschied?

Beteilige Dich an Diskussionen und schreibe sinnvolle und hilfreiche **Kommentare**. Hilf anderen dabei, das Gelesene einzuordnen.

Du kannst Dich über Blogs auch zu Themen wie "Homepage", "Newsletter" oder "Pressearbeit" jeweils ganz gut auf dem Laufenden halten.
Das ist dann zwar eher die passive Variante - aber **sehr passend für Dein begrenztes Zeitkonto.**
Um das Thema abzurunden, schreibe ich Dir bei den Link-Tipps noch ein paar Adressen auf. Du kannst da sehen, dass und wie ein erfolgreicher Handwerker-Blog **funktionieren kann.** Vielleicht bist Du ja ein begnadeter Schreiber und hast noch ein paar Stunden in der Woche übrig.

Es gibt nämlich auch Handwerkszweige und Dienstleister, bei denen ein regelmäßiger Blog durchaus Sinn macht: Leute, die auch **genauso regelmäßig** mit ihren Kunden in Kontakt sind.

Da kommen also z.B. alle Friseure, Bäcker, Café-Betreiber und Autowerkstätten in Betracht.

Wenn Dein Lieblings-Restaurant sich per Blog-Beitrag und Speisekarte immer mal wieder in Erinnerung bringt.
Oder Deine Autowerkstatt regelmäßig Fahr- und Pflegetipps blogt… oder die neuesten Testergebnisse für Winterreifen, dann wird das eher funktionieren. Der Unterschied dabei: Haare, gutes Essen und Autos sind Themen, **die uns ständig umgeben.**

Wissenswertes über neue Richtlinien für Wärmedämmung und aktuelle Trends auf dem Türenmarkt lassen die meisten Menschen nur sehr punktuell an sich ran.

Deshalb: Genau überlegen, wo ein Blog den Aufwand lohnt, und vielleicht eher mehr Energie auf einen perfekten Newsletter legen.

8.6 Facebook

Jetzt kommt's, endlich: Social Media in Reinkultur!

So, wie versprochen kommen wir jetzt zur "**Social Media Wunderwaffe**" schlechthin. Neukundengewinnung, Bestandskundenpflege, Mitarbeitersuche, Imagewerbung, Expertenstatus und Kommunikations-Rundumschlag in einem Komplett-Paket!

Ein Riss geht quer durch die Gesellschaft!
Entzweit Familien und Vereine, trennt Freunde und Paare. Es ist wie bei Fasnacht oder Karneval, beim Rauchen oder bei Vorabend-Serien!
Entweder Du bist absolut begeistert oder aber total dagegen!
Jeder hat dazu eine Meinung!
Jeder hat davon gehört und man kann nicht mehr entkommen.
Du läufst mit offenen Augen und Ohren durchs Leben, liest Zeitungen und Fachzeitschriften und seit einiger Zeit **fällt Dir etwas immer deutlicher auf:**

Alle reden davon:

- Dein **Landkreis** ist plötzlich "drauf"
- Die **Volkshochschule** hat es aktuell als Titelstory
- Du entdeckst immer mehr **Kurse, Seminare und Bücher** zu dem Thema

- Dein **Musikverein kündigt darüber sein Jahreskonzert** an. Und verkauft da auch die Tickets.

- Dein **Sportverein veröffentlicht Spielberichte** und interne Mitteilungen auf diesem Kanal

- Die **Handwerkskammer,** Dein **Landesverband,** Dein **Zulieferer:** Plötzlich alle erreichbar auf …..

- Und **Deine Kinder, Deine Freunde, Deine Kollegen**: keiner mehr zuhause –

alle nur noch auf Facebook!

So langsam schleicht sich ein komisches Gefühl an Dich ran… **Bin ich der letzte Mensch mit Sinn für Privatsphäre?**

Was verpasse ich wohl alles, wenn ich nicht dabei bin?
Warum findet ein großer Teil von Kommunikation und Austausch plötzlich ohne mich statt? Und warum sind plötzlich alle Menschen, Firmen und Organisationen davon begeistert, die privatesten und geheimsten Daten "für alle Welt" zugänglich zu machen?

Keine Angst! **Auch ohne eigenen Facebook-Account bist Du in guter Gesellschaft**. Es gibt tatsächlich noch viele Leute, die nicht mit allen anderen virtuell verbunden sind, sondern ganz normal im Hier und Jetzt leben.
Die meisten davon sind allerdings unter zehn und über 60 Jahre alt - also rein statistisch…

Tatsächlich sind alleine in Deutschland aber ungefähr 30 Millionen Menschen bei Facebook angemeldet.

Was ist Facebook denn nun eigentlich?
Zu Facebook, zur Entstehung, zur Firmenpolitik und allem anderen gibt es **unzählige Veröffentlichungen** und tausende Bücher. Ja, sogar einen **kompletten Kinofilm**.
Ich kann und will hier deshalb nicht zu tief in die Materie einsteigen. Wir haben mittlerweile gesehen, dass jede neue Technik und jede Entwicklung **gute und weniger gute Seiten** hat. Und da ist Facebook wahrlich keine Ausnahme.

Und je nachdem, aus welchem Blickwinkel und mit welchen Erwartungen Du an die Sache herangehst, kommst Du zu sehr **unterschiedlichen Bewertungen**.
Ich kann Dir hier nur einen groben Überblick verschaffen, damit Du weißt, **was Facebook ist und wie es im Prinzip funktioniert**. Was Du dann für Dich daraus machst, und was Du davon hältst, kann ich nicht für Dich entscheiden.

Ich probier's einfach mal mit ein paar neutralen Informationen.

Ein paar Fakten und Daten
Zuerst einmal: Facebook ist **ein Unternehmen mit Hauptsitz im sonnigen Kalifornien**, **gegründet im Jahre 2004**. Also eine Firma, die Mitarbeiter und Kunden hat. Und die mit dem was sie tut Geld verdienen will und muss.
Sicherlich keine stinknormale Firma.

Aber ganz sicher auch keine Sekte und keine Religion.

Auch wenn das manchmal nach außen so wirken könnte.

Eine Firma, die mit dem was sie tut sehr viele Menschen erreicht.
Die eine **schier unvorstellbar große Zahl von Menschen** an sich bindet und für sich einnimmt.

Und immer wenn sich eine Idee, auch eine Geschäftsidee, auf so eine spektakuläre Art und Weise durchsetzt und verbreitet, dann liegt es **an zumindest zwei wichtigen Faktoren**.

Erstens müssen das Konzept und das "**Produkt**" an sich gut und stimmig sein - **es muss also funktionieren**.

Und **zweitens**: Der **Zeitpunkt** muss stimmen!

Es gab auch schon lange vor Verbreitung des Internets eine ganz einfache Marktregel: **Ein gutes, ausgereiftes Produkt**, mit einer großen Nachfrage, einem starken "**Haben-wollen-Effekt**" also, trifft **im richtigen Moment** auf Menschen, die sich das leisten können - dann läuft die Sache fast von alleine!
Unzählige Entwicklungen und Erfindungen schafften es nicht, sich auch nur ansatzweise durchzusetzen. Oft lag es schlicht am falschen Timing.

Bei Facebook stimmte demnach wohl Einiges!
Ganz offensichtlich traf die Idee die dahinter steckt, auf eine Gesellschaft, die sehr gut etwas damit anzufangen wusste, und das hat sich bis heute nicht geändert.

Die Idee dahinter

Und was war und ist nun die Idee, die hinter dem ganzen Rummel um diese Plattform steckt?

In den USA ist es seit vielen Jahrzehnten üblich, dass jede Highschool für die aktuelle Abschlussklasse ein sogenanntes "Facebook", oder auch **"Yearbook"**, ein Erinnerungsbuch an die gemeinsame Schulzeit, herausgibt. Darin sind Geschichten, Anekdoten, sportliche Erfolge und vieles mehr verewigt.
Und auch ein **Porträt-Foto mit kurzer Beschreibung** von jedem einzelnen Abschluss-Schüler. Da gibt es regelrechte Foto-Shootings und einen entsprechenden Rummel darum, sich gut darzustellen.

Mark Zuckerberg, ein Student an der Harvard-Universität, hat diesen Gedanken an die Universität und ins Internet übertragen.
Er hat es Studenten an seiner Universität ermöglicht, sich **mit einem Foto und einer Beschreibung** in ein großes, **virtuelles "Buch"** einzutragen. Und das Wichtigste dabei: Sich mit anderen Menschen in diesem Buch **zu "befreunden".**
Anfangs musste man sich **um die Aufnahme quasi bewerben**, und konnte nur von bereits bestehenden Mitgliedern zur Teilnahme eingeladen werden. Ein exklusiver Zirkel also.
Wer keine Freunde da hatte, der kam auch nicht rein. Wie bei einem angesagten Club. Und das war das Ganze auch zu Beginn: **Ein exklusiver Club von Studenten der Harvard-Universität.**

Das Projekt wuchs in atemberaubender Geschwindigkeit und schon in den ersten Tagen hatten sich mehrere hundert

Studenten als Mitglied beworben und eingetragen. Nach einigen Monaten und mit tausenden von Nutzern, wurde das Netzwerk dann auch für **andere Universitäten in den USA** freigeschaltet.

Ab dem **26.September 2006** wurde das Projekt **"Facebook"** dann komplett öffentlich, und **jeder Internet-Nutzer konnte sich beteiligen**.
Der Rest ist Geschichte.

Heute existiert Facebook in **nahezu allen Ländern der Erde**, es gibt Anwendungen in mehr als **70 verschiedenen Sprachen**.
Obwohl Facebook keine genauen "Mitgliederzahlen" veröffentlicht, kann man heute von einer Zahl jenseits von **1,36 Milliarden Menschen** ausgehen, die sich auf Facebook angemeldet haben. Und mehr als zwei Drittel davon sind regelmäßig, also zumeist mehrmals täglich, auch im Netzwerk aktiv.
Der kleine Laden von Mark Zuckerberg und seinen Freunden ist mittlerweile eine Aktiengesellschaft und mehrere Milliarden Dollar wert.

Wie "funktioniert" Facebook und was habe ich davon?
Es gibt Unmengen an Ratgebern und Beschreibungen über das Anmelden, die Funktionen und die Möglichkeiten von Facebook. Und noch mehr über die Fallstricke und auch die versteckten Vorteile.

Ich kann und will Dir hier **nur einen Überblick** über das Thema geben. Auch und vor allem natürlich **im Hinblick auf die Möglichkeiten die sich für Unternehmen bieten.**

Zudem ist bei 30 Millionen Nutzern in Deutschland die Wahrscheinlichkeit sehr groß, dass Du schon Mitglied auf Facebook bist. ;-)
Das Erste, was man wissen muss, wenn man sich für einen Firmen-Auftritt auf Facebook interessiert, ist ganz einfach aber fundamental: **Facebook ist eine Angelegenheit für Menschen. Nicht für Firmen.**

Für Menschen, die mit anderen Menschen in Kontakt treten und vor allem in Kontakt bleiben wollen. Das ist der Grundgedanke dahinter, und das hat sich bis heute auch nicht wirklich geändert.

Das bedeutet für Dich als Unternehmer: **Du kannst nicht einfach Dein Business, Deinen Laden, Deine Werkstatt oder Dein Unternehmen bei Facebook "anmelden".**
Das können wie gesagt immer nur "echte" Menschen!

Wenn Du Dich, also als Person, zum ersten Mal auf Facebook anmeldest, wirst Du aufgefordert, ein persönliches "**Profil**" anzulegen.
In diesem Profil kannst Du **Deine persönlichen Daten**, Deinen echten Namen, Deine Adresse, Dein Geburtsdatum, Deinen Arbeitgeber, Familienmitglieder, Deine Hobbies, Deine liebsten Filme, Serien, Bücher und vieles mehr angeben.

Musst Du aber nicht! Diese Angaben sind freiwillig und werden auch nicht überprüft oder eingefordert.
Vor allem musst Du diese Angaben keinesfalls **öffentlich machen**.

Hier taucht schon **das erste Missverständnis** und ein gängiges Vorurteil auf. **Alles, was Du Facebook über Dich mitteilst, ist nicht von vornherein für alle Menschen auf der Welt sichtbar!**
Wenn Du Dir etwas Zeit nimmst, kannst Du sehr genau einstellen, wer was über Dich sehen und lesen kann. Das wird man, wie im echten Leben auch, so einstellen, dass nur die wirklichen Freunde und Verwandte - also Menschen die man wirklich kennt - diese Informationen sehen können.
Warum will aber Facebook so viele Sachen von Dir wissen?

Dafür gibt es **zwei Gründe**: Vordergründig soll es dabei helfen, **dass man Dich unter den vielen hundert Millionen Nutzern finden kann.**
Wenn Dich ein ehemaliger Schulfreund nach zehn Jahren mal wieder anschreiben will um zu sehen, wie es Dir geht, dann hilft natürlich die Angabe über Wohnort, Alter und ehemalige Schule dabei ganz gehörig.

Es ist auch unbestritten ein großer Vorteil von Facebook, dass durch solche Angaben **unzählige Menschen wieder in Kontakt gekommen sind**, die sich aus den Augen verloren hatten.
Wenn Du hier nur Deinen Namen ohne weitere Angaben veröffentlichst, wäre es für andere Menschen ganz schön kompliziert, Dich zu finden.

Der zweite Grund ist viel weniger romantisch und eher knallhart **geschäftsmäßiger Natur**. Wenn Du hier mal Deine Unternehmerbrille aufsetzt, wirst Du die Zusammenhänge auch gleich erkennen.
Diese von Dir freiwillig ins System eingetippten **Daten sind der eigentliche Wert und der Kern von Facebook!**

Und nicht etwa, weil diese Angaben über Alter, Geschlecht, Wohnort, Hobbies etc. ohne Dein Einverständnis **verkauft oder verraten** werden. **Eben nicht!**
Das ist nämlich der zweite Irrtum und das **zweite falsche Vorurteil**.
Facebook (wie auch Amazon oder Google) ist nämlich echt froh, so viel **exklusiv** über Dich zu wissen. Den Machern würde es nie in den Sinn kommen, diesen großen Schatz an irgendwen zu verhökern. Im Gegenteil: **Diese Daten werden gehütet wie ein Augapfel.**

Wie nutzt Facebook die Nutzer-Daten?
Der Grund ist ziemlich einleuchtend: **Facebook verdient sein Geld durch Werbung!** Logischerweise - denn auf den ersten Blick **ist ja alles für Dich kostenlos** und irgendwie muss die Kohle für Aktionäre und Angestellte ja reinkommen.
Und für welche Art von Werbung kann man heutzutage am meisten verlangen?
Natürlich für **möglichst zielgerichtete Werbung**, für Werbung also, **die genau die jeweilige Zielgruppe erreicht.**
So wird jetzt ein Schuh draus: Wenn Du eine "**Werbeanzeige**" auf Facebook einstellen willst - also eine **BEZAHLTE Werbung** - dann wirst Du ganz schnell die Wucht und Macht begreifen, die hinter der Datensammlerei steckt. Du bestimmst nämlich für jede Deiner Werbe-Kampagnen vorher, **wer diese Werbung zu sehen bekommt!**
Als Schuhladen mit Schwerpunkt Outdoor- und Wanderschuhe, wirst Du mithilfe von Auswahl-Kriterien so lange Deine Zielgruppe einkreisen, bis Deine Anzeige nur

noch an Menschen ausgeliefert wird, die *in Deiner Gegend* wohnen. Und die *gerne draußen sind.*
Da hilft dann das Wissen über den Wohnort, das Alter, das Geschlecht und die Hobbies schon ungemein, oder?
Du kannst sogar spezielle Interessen und Vorlieben adressieren, im Sinne von "Personen, die nach folgenden Begriffen gesucht haben…" oder "Personen, die in folgenden Gruppen aktiv sind… " und vieles mehr.
Wenn eine Tierhandlung auf den "Verkaufsoffenen Sonntag" hinweisen will und dabei Menschen ansprechen kann, **die in der Gegend wohnen und sich für Tiere interessieren**, dann ist das einfach eine runde Sache!

Ein ziemlich **einleuchtendes Konzept** und die Erklärung dafür, wie so eine große Firma so viele Leistungen **auf den ersten Blick kostenlos** zur Verfügung stellt.
Für die Möglichkeiten und die Annehmlichkeiten von Facebook **bezahlst Du nämlich mit Deinen Daten** über Dich - der Umweg über bezahlte Werbung spült dann die entsprechenden Dollars in die Kasse.

Das muss man wissen und damit leben können, dann funktioniert das Leben mit Facebook eigentlich ganz gut.
Erste Zusammenfassung:

- Zu Facebook können sich **nur echte Menschen, also natürliche Personen,** anmelden, keine Firmen

- Du wirst von Facebook darum gebeten, **möglichst viel von Dir preiszugeben** - Du wirst dazu aber **nicht gezwungen**

- Diese Angaben über Dich **kannst Du selbst verwalten**, d.h. Du kannst genau festlegen, wer diese Daten zu sehen bekommt. Alle, niemand, Freunde, Freunde und deren Freunde etc.

- Die Angaben die Du hier machst, werden von Facebook nicht an andere Firmen direkt verkauft oder an Menschen weitergegeben, die damit Unsinn treiben.

- Die Werbung, die Du auf Deiner Seite eingeblendet bekommst, wird allerdings sehr wohl von Deinen Angaben bestimmt. Das erhöht dann den Wert für die Werbetreibenden und die Einnahmen für Facebook.
- Wenn Du selbst Werbung auf Facebook machst, kommt Dir das Wissen über die Empfänger sehr entgegen.

Und was ist mit dem Datenschutz?
ABER: Wenn man die Datenschutzrichtlinien und das "Kleingedruckte" in den Geschäftsbedingungen von Facebook genau liest und versteht, sieht das etwas anders aus.

Facebook KANN über alle Daten, also auch Texte und Fotos die Du hochlädst, frei verfügen und diese auch weitergeben!
Deshalb gilt auch hier wie überall im Internet: **Kopf und Bauchgefühl einschalten, bei allem was Deinen Rechner und Deinen Einflussbereich verlässt!** Keine anzüglichen Fotos, Beleidigungen oder Dinge posten, die

nicht von anderen Menschen gelesen oder gesehen werden sollten!
Mache Dir also die Mühe schon beim Anlegen Deines Profils, sehr genau zu begreifen und zu entscheiden, welche Daten wem zugänglich sein sollen.
Die Server von Facebook stehen auch nicht in Deinem Keller, auch nicht in Köln oder Berlin, sondern **in den USA**. Also in einem Land, wo das strenge deutsche Datenschutzgesetz nur ein milde abgefedertes Lächeln hervorruft.
Momentan läuft deshalb auch eine Sammelklage gegen Facebook. Es geht dabei um die Möglichkeit, dass ausländische Geheimdienste wie die NSA die gespeicherten Daten durchsuchen und auswerten können. Dass zumindest die Möglichkeit dazu besteht, und es deshalb **keine wirkliche Kontrolle** über die personenbezogenen Daten gibt.

Es muss also jeder für sich entscheiden, ob ihm die Hoheit über seine Daten wichtiger sind, als die Babybilder und Urlaubsfotos seines Freundes oder seiner Tochter.

Was fange ich nun mit meinem Profil an?
Der tiefere Sinn von Facebook ist das Knüpfen und Pflegen **von Kontakten zu anderen Menschen**. Der Facebook-Begriff für diese Menschen ist **"Freunde"**.
Und da taucht vielleicht schon das **dritte Missverständnis** auf: **Der Begriff "Freund" hat in Facebook nicht die gleiche Bedeutung wie im wahren Leben!** Es gibt Anwender, die mehr als **500 "Freunde"** bei Facebook haben, und im wahren Leben niemanden anrufen könnten, wenn Sie in irgendeiner Form Hilfe bräuchten.

Die Bezeichnung "**Freund**" **oder** "**befreunden**" ist nun einmal von Facebook vorgegeben. In Wirklichkeit handelt es sich dabei natürlich um **"Kontakte"** - also einfach um Menschen, mit denen Du über Facebook verbunden bist.

Das können Mitarbeiter, Vereinskollegen, Verwandte aber auch absolut uninteressante, ehemalige Mitschüler von der Grundschule sein. **Und eben auch echte Freunde!**

Wenn Du das im Hinterkopf behältst, ist es leichter, eine "**Freundschaftsanfrage**" an jemanden zu schicken, oder auch eine anzunehmen.
Über ein Suchfeld kannst Du **gezielt nach Personen suchen**, oder Dir auch Vorschläge machen lassen. Sobald Du einige Freundschaftsanfragen angenommen hast, werden diese Vorschläge fast schon **unheimlich treffsicher**.
Du wunderst Dich dann, wie Facebook jemanden vorschlagen kann, den du zwar kennst, an den Du aber in diesem Zusammenhang nie gedacht hättest. Das liegt einfach daran, dass Facebook berechnen kann, wer wohl **am ehesten für Dich als Kontakt in Frage kommt**.

Das sind dann Leute, die in **Deiner Gegend** wohnen, die die **gleiche Schule** besucht haben, **ähnliche Hobbies** haben und **vor allem mit Freunden von Dir auch schon verbunden sind**. Wenn jemand z.B. zehn Menschen auf seiner Freundesliste hat, die auch auf Deiner Liste stehen, dann ist die Wahrscheinlichkeit hoch, dass Ihr Euch irgendwie kennt oder zumindest etwas gemeinsam habt.

Der Sinn des Netzwerkes besteht nun darin, dass man auf seinem Profil Ereignisse, Fotos, Videos oder Tipps zu anderen Profilen und Seiten **veröffentlicht**. Diese

"**Ereignisse**" müssen nicht unbedingt von großer Wichtigkeit sein - viele Menschen posten hier auch Bilder von ihrem Mittagessen, ihrer schlafenden Katze oder einem schönen Sonnenuntergang.
Und da nehme ich mich ganz bewusst nicht aus.

Sehr oft werden auch "**Fundstücke**" aus dem Internet hier gepostet, also Zitate, Bilder, Berichte, TV-Spots, Videos usw. über die man im Laufe des Tages gestolpert ist. Also nicht nur eigene Texte, Weisheiten und selbst geschossene Fotos.
In vielen Fällen heißt das Motto nicht: "Schau' mal, was ich gerade mache oder über was ich nachdenke!", sondern: "**Schau' mal, was ich heute Tolles entdeckt habe!**". So erklären sich dann auch Videos und Beiträge, die durch das "**Teilen**", also das Weitergeben an Freunde, mehr als 100.000-fach angeschaut werden.

Diese "Veröffentlichungen" werden nämlich vielen, **also nicht allen**, Deiner Freunde auf deren "Neuigkeiten-Seite" angezeigt, und können da kommentiert, weitergegeben oder einfach nur "**geliked**" werden.
Oder auch, was sehr oft vorkommt, **einfach ignoriert.**

Wie überall im Netz mit seinem unendlichen Gedächtnis passiert nun auch hier folgendes: Da es schlicht nicht möglich ist, sich **alles** anzuschauen und zu lesen, was hunderte von Freunden den ganzen Tag über so von sich geben, **wird von Facebook da einiges ausgesiebt!**
Du bekommst also **nicht jedes Video und jedes Foto von allen Deinen Freunden angezeigt**. Und das ist dann so ähnlich wie bei den Suchmaschinen aus Teil 5: Wer nur Videos von Sonnenuntergängen und romantische Bilder mit noch romantischeren Texten teilt und anschaut… rate mal,

was der- oder diejenige in Zukunft vermehrt angezeigt bekommt?

Genau!
Und so schafft sich jeder Nutzer also sein **"eigenes" Facebook** mit Dingen, die ihn wohl am ehesten interessieren.
Wenn sich also jemand beklagt, dass das Niveau der angezeigten Beiträge immer mehr nach unten geht - vielleicht wäre es auch nützlich, ab und zu mal **wissenschaftliche oder intellektuellere Beiträge** komplett zu lesen und dann auch mit anderen zu teilen.

Wichtige Funktionen - zu selten benutzt!
Was sind noch weitere wichtige Möglichkeiten, die man mit seinem Profil hat, die aber selten benutzt werden?
Man kann seine "Freunde" in sogenannten **Listen** organisieren. Das heißt, dass man sich ein paar Kategorien überlegt, und **die Freunde dann entsprechend einteilt**.
Also z.B. "Kollegen", "Geschäftliche Kontakte", "enge Freunde", "Familie" oder ähnliches. Sobald Du nun etwas an Deine Pinnwand schreibst, also "veröffentlichst", kannst Du genau auswählen, **welche Liste diese Botschaft bekommen soll**. Dann werden Urlaubsbilder eben nur in der Familie gezeigt.

Du kannst auch einstellen, dass diese Beiträge nicht weitergegeben werden können, also auch wirklich innerhalb dieser Gruppe bleiben werden.
Du kannst auch bestimmen, von welcher Deiner Liste Du Nachrichten lesen willst. Also im Urlaub z.B. alle geschäftlichen Kontakte komplett abschalten und Dich nur noch mit den "engen Freunden" austauschen. **Es gibt viele**

Möglichkeiten, Deine Privatsphäre und den Grad der Reizüberflutung einzustellen. Am einfachsten funktioniert das, in dem alle Kontakte **gleich zu Anfang zu verschiedenen Listen zugeordnet** werden, damit Du den Überblick nicht verlierst.

Ein weiterer Tipp: Du **musst keine Freundschaftsanfrage annehmen!** Wenn Dich jemand anschreibt, den Du nicht kennst oder mit dem Du nicht "befreundet" sein willst, dann kannst Du das auch ignorieren und löschen, ohne dass etwas passiert.
Und wenn Dir die Botschaften und Ansichten eines "Facebook-Freundes" irgendwann auf den Senkel gehen oder so gar nicht Deinem Geschmack entsprechen: Du kannst diesen Kontakt dann entweder "stumm schalten", damit Du keine weiteren Ergüsse dieser Person mehr gezeigt bekommst. Oder auch komplett **aus der Freundesliste löschen.**

Wichtig für Facebook-Anfänger: Es macht Sinn, **zuerst eine Weile die Kommunikation und die Postings zu verfolgen**, bevor Du aktiv ins Geschehen eingreifst. Nach und nach kannst Du dann ja einzelne Beiträge kommentieren oder ein "gefällt mir" anklicken, um Dich bekannter und sichtbarer zu machen.
Und immer daran denken, dass alles was Du postest **von vielen Leuten gesehen wird**! Also immer den richtigen Ton wählen und **höflich bleiben**!

Direkte Nachrichten über Facebook
Ein weiterer wichtiger Bestandteil von Facebook ist der sogenannte "**Messenger**".

Darüber kann man direkt aus Facebook heraus persönliche Nachrichten an Freunde schicken, und sich so per Chat weltweit unterhalten. Es gibt auch die Möglichkeit sogenannter Gruppen-Unterhaltungen, d.h. man kann mehrere Personen zu dieser "Unterhaltung" einladen und sich ziemlich einfach und unkompliziert zu einem gemeinsamen Thema austauschen.
Diese Funktion wird allerdings seit einiger Zeit mehr und mehr von speziellen **Messenger-Apps für Smartphones** übernommen.
Die verbreitetste Plattform dieser Art ist "**WhatsApp**", ein Chat-Programm, was mittlerweile gefühlt auf jedem Smartphone installiert ist. Derzeit läuft diese Anwendung gerade bei den jüngeren Semestern Facebook den Rang ab.
In sogenannten "**WhatsApp-Gruppen**" organisieren sich professionelle Montage-Teams genau so selbstverständlich wie Schulklassen mit ihren Lehrern, Mütter von Krabbelgruppen, Familien, Freundescliquen und viele andere. Gruppen eben, wo es **um einen "geschlossenen" Nachrichtenaustausch in Echtzeit geht**.
WhatsApp gilt als **die am schnellsten wachsende Internet-Anwendung aller Zeiten**: Gegründet im Jahr 2009 gab es im Jahre 2014 bereits **mehr als 900 Millionen registrierter Anwender.**
Der Zugewinn an Nutzern von WhatsApp macht Facebook **nur indirekt Sorgen:** Als sich diese Entwicklung abzeichnete, hat Facebook den Messenger-Service WhatsApp 2014 einfach kurzerhand **aufgekauft und übernommen**. Die ungewöhnlich hohe Kaufsumme von **19 Milliarden US-Dollar** zeigt, als wie wichtig diese Sparte bei Facebook angesehen wird.

Das waren jetzt einige der **grundlegenden Informationen** dazu, wie man Facebook als Privatperson nutzen kann.

Wenn Du Dich in der Thema noch mehr eingelesen oder einfach ein paar Wochen das Ganze "miterlebt" und ausprobiert hast, wirst Du sicher noch auf viele weitere Möglichkeiten stoßen.

Vielleicht wirst du Mitglied einer der unzähligen "**Gruppen**" die sich zu verschiedenen Themen gebildet haben.
Diese Facebook-Gruppen können "**öffentlich**" sein, so dass man sich einfach und ohne jemanden zu informieren als Mitglied da eintragen kann.

Es gibt aber auch sogenannte "**geschlossene Gruppen**". Da gibt es dann einen Gruppen-Chef, den sogenannten Administrator, der nach Deiner Anfrage entscheidet, ob Du Gruppenmitglied werden kannst. Du kannst also nach diesen Gruppen suchen und sehen, was da so abgeht - ohne "**Zulassung**" bekommst Du aber nicht die Postings und auch nicht die Namen und Adressen der anderen Mitglieder zu sehen. Diese Gruppen könnten für Dich interessant sein, weil **es zu sehr vielen geschäftlichen Themen hier ein Angebot gibt** und da **sehr interessante Kontakte** entstehen können.

Eine weitere Möglichkeit ist die sogenannte "**geheime Gruppe**".
Die sind sehr geheim und deshalb weiß ich darüber nichts..

Quatsch, kleiner Scherz!

So geheim ist das nun auch nicht. Diese Gruppe kannst Du gründen oder einer solchen beitreten - Du wirst sie aber **nicht in der Suche finden**, weil sie ja sozusagen "**unsichtbar**" ist. Da sind dann z.B. Firmenabteilungen organisiert. Oder Teilnehmer eines Workshops, die darüber Informationen austauschen.
Oder ein Team, was an **einem gemeinsamen Projekt** arbeitet und auf dieser Plattform sogar Dokumente hochladen und gemeinsam bearbeiten kann.
Oder **"bezahlte" Gruppen** - also z.B. Teilnehmer einer Webinarserie, die dafür Geld bezahlen, sich weiterhin hier als Mastermind-Gruppe zu treffen und auszutauschen. Dafür bezahlen sie dann einen monatlichen Beitrag an den Administrator und erhalten dann regelmäßig Beiträge und Unterlagen über die "geheime" Facebook-Gruppe.

Ich persönlich arbeite auf dieser Basis bei der örtlichen Flüchtlingshilfe mit = "**geschlossene Gruppe**". Gleichzeitig bin ich da auch im Verteiler des Organisations-Teams = "**geheime Gruppe**". So kann man im echten Leben über Facebook und ohne jegliche Katzenbilder und Sonnenuntergänge ganz pragmatisch zusammenarbeiten.
Wir tauschen hier Ideen und konkrete Hilfsanfragen aus und können sehr übersichtlich auch eine große Gruppen beieinander und auf dem aktuellen Stand halten. Da die Mitglieder sich alle einzeln um die "Aufnahme" bemühen mussten, ist auch gewisses Interesse am Thema und die Bereitschaft zum Engagement da oft schon gegeben.

Eine oft unterschätzte Möglichkeit, auf die ich nur ganz kurz hinweisen will: Es macht eventuell durchaus für Dich Sinn, **eine "eigene" Facebook-Gruppe zu gründen.**

Du bist dann **automatisch der Administrator**, also der Oberhäuptling. Das ist mit einigen Pflichten verbunden: Überwachung der Diskussion, Ermahnung bei Verstoß gegen die Gruppenregeln, Löschen von unangebrachten Postings oder Spam-Werbung etc.

Gleichzeitig hast Du natürlich auch Rechte; Du entscheidest über die Aufnahme von neuen Mitgliedern, kannst die Regeln bestimmen und bist sofort als Experte sichtbar! Wenn jemand sieht, dass sich zu seinem Problemfeld bzw. Lieblingsthema eine "Profi"-Gruppe regelmäßig austauscht - rate mal wie groß das Ansehen des Gruppen-Administrators dann von vornherein ist! Mitglieder, die sich oft und auf angenehme und zuverlässige Art in der Gruppe einbringen, kannst Du nach einer gewissen Zeit auch als "Moderator" oder sogar als gleichberechtigten Administrator einsetzen. Das bringt Dir eine gewisse Arbeitsentlastung und macht das Leben leichter.

Wie bei allem Tätigwerden auf diese Art im Netz gilt auch hier: Als Gruppen-Administrator wird Dein Name sichtbarer und Dein "Ruf" als Experte gefestigt. Auch im Hinblick auf die Suchmaschinen kann das sicher nicht schaden.

Das war jetzt nur ein weiteres Beispiel, wie man Facebook auch für sich entdecken kann.

Wie sieht das Ganze aber für eine kommerzielle Nutzung aus?

Nachdem Du Dich als "natürliche Person" bei Facebook angemeldet hast, und auch schon die ersten Freunde auf Deiner Liste stehen, kannst Du für Dein Unternehmen eine sogenannte "Fanpage", eine **"Seite"** anlegen.

Nochmal ganz deutlich: Du brauchst zuerst ein **persönliches Profil**, bevor Du mit einer "**Seite**" Dein Unternehmen vorstellen kannst.
Was das **Profil für Dich** als Person darstellt, das ist jetzt die **"Seite" für Deine Firma.**
Auch hier gibt es Informationen, auch hier gibt es ein Titelbild und ein Profilbild. Hier kannst Du Dein Unternehmen durch eine Beschreibung vorstellen.
Die Anschrift, Kontaktdaten, Steuernummer und ein komplettes Impressum wie auf der Homepage sollten auch hier nicht fehlen. Die Seite muss eindeutig einer natürlichen Person zuzuordnen sein.
Das Wichtigste ist aber die Möglichkeit, durch Postings etwas über Dich und Deine Firma zu veröffentlichen:

- Hier kannst Du **Fotos von Projekten** und Baustellen einstellen.
- Hier kannst Du über **Erfolge oder Erlebnisse** aus dem beruflichen Umfeld berichten.
- Aber natürlich **auch mal etwas Witziges** oder auch nur ein Foto aus dem Urlaub veröffentlichen.
- Mit einem kurzen **Bericht über einen Messebesuch** zeigst Du, dass Du Dich auf dem Laufenden hältst.

Und genau hier kommt jetzt all das zum Tragen, was ich in den vorhergehenden Kapiteln so ausführlich beleuchtet und beschrieben habe: **Soziale Medien dienen dazu, Dich als Experten sichtbar zu machen und Deine Firma bei den Kunden und Interessenten in ein gutes Licht zu stellen.**
Beim Thema Blog war ich ja noch eher skeptisch, ob Du über längere Zeit zuverlässig und regelmäßig einen gut geschriebenen Blogartikel liefern kannst.

Hier bei Facebook ist das jetzt viel einfacher!
Hier erwartet niemand einen **ausgefeilten Bericht** und ein **perfektes Foto** vom Fotografen.
Hier geht es um **Spontanität**, um **authentische Einblicke** in das Geschehen. Und um das zu bieten, sind einigermaßen gute Aufnahmen von der Handy-Kamera und ein paar kurze Zeilen genau das Richtige!

Technisch kannst Du als "**Firmenseite**" leider keine Kontakte einladen. Andererseits schützt das Dich als Privatperson davor, von tausenden Dir unbekannter Firmen-Seiten dauernd um ein "Gefällt mir" gebeten zu werden.
Das wäre nämlich ganz schön nervtötend.

Du kannst allerdings **alle Postings Deiner "Seite"** auch auf Deinem privaten "Profil" zeigen und dadurch **bei Deinen Freunden Neugierde erzeugen**. Als "Privatmensch" kannst Du auch Deine Freunde dazu einladen, Deine Firmenseite zu besuchen und dann da zu einem "Fan" zu werden.
Die "Fans" Deiner Seite sehen dann auch direkt die Postings Deiner Seite und so kommst Du langsam aber sicher immer mal wieder ins Gespräch.
Allerdings sehen **nicht alle** Deine Fans auch **alle** Deine Postings! Dazu schreibe ich nachher noch etwas genauer.

Es gibt auf einer Fanpage auch einen sogenannten "**Call-To-Action-Button**". Da erklärt schon der Name die Funktion: Du kannst Dir hier überlegen, wohin es Deinen Besucher verschlagen soll, wenn er diesen Knopf drückt.
Er kann dann nämlich direkt zu Deiner Homepage oder einer eigenen Landingpage geleitet werden.

Und genau hier schließt sich der Kreis: Kunden aufmerksam machen, von Leistung und Person überzeugen, und dann eine konkrete Handlung auslösen! So sollte das im besten Fall ablaufen, damit Du durch Deinen Einsatz mit "Social Media" z.B. Besucher auf Deine Homepage bekommst.
An dieser Stelle müsste ich jetzt beschreiben, mit was und wie Du als Unternehmen deine Seite mit Informationen füllen solltest.

Muss ich aber nicht - weil wir in den vorangegangenen Kapiteln schon ganz genau gesehen haben, auf was es ankommt.

Nämlich nicht auf Werbung!

Nicht auf Produkt-Anzeigen. Nicht auf Hochglanz-Selbstbeweihräucherungs-Anzeigen. Kein "kaufen Sie jetzt und hier - wir sind eh die Besten!"
Um was es bei Social Media überall geht, das wird auf Facebook nahezu in Reinform zelebriert: **Unterhaltung, Kommunikation, Interesse an dem was andere so treiben.**
Kein Vortrag sondern eher ein Geplauder an der Theke.

Informationen, aber auf die lockere Art.
Wie reagierst Du auf eine Theken-Bekanntschaft, die Dir nach dem zweiten Bier plötzlich und unerwartet eine todsichere Geldanlage oder eine Privathaftpflichtversicherung verkaufen will?

Einfach zu verstehen, dass das auch an der Facebook-Theke nicht wirklich ankommt!

Wie oft sollte man sich auf Facebook mit einem Beitrag bemerkbar machen?
Ich denke **mindestens täglich**, je nach Anlass kann das aber auch zwei oder dreimal am Tag sein. Wenn Du z.B. jeden Abend ein Bild des Arbeitsfortschritts mit den besten Wünschen für den Feierabend losschickst, dann gewöhnt sich Deine Fangemeinde daran und Du bleibst auf jeden Fall, auch für den Auftragsfall, im Gedächtnis.

Und da ja lange nicht alle Fans jedes Posting auch angezeigt bekommen, kommt das auch nicht als zu aufdringlich rüber.

Über die Reichweite

Ein Thema, was immer wieder und immer aktuell diskutiert wird, ist die **"organische Reichweite"** bei Facebook.
Damit wird beschrieben, wieviele von Deinen "Fans", also der Menschen, die Deine Firmen-"Seite" geliked haben, Deine Postings zu sehen bekommen. Und zwar ohne bezahlte Maßnahmen.

Die Antwort ist wie oft im Leben und ganz besonders hier: **Es kommt drauf an! Und: Man weiß es nicht wirklich.**
Facebook beschreibt offen und deutlich, dass die Reichweite der Beiträge ganz bewusst eingeschränkt wird, weil die schiere Zahl der Postings das erfordert. Der Gedanke dahinter ist folgender: Es ist einfach unmöglich, die **gesamten Beiträge von allen Freunden und allen befreundeten Seiten** zu lesen, das könnten ja z.B. über 10.000 am Tag sein!

Also macht es Sinn, jedem "Kunden" möglichst das zu zeigen, **was er gerne sehen will**. Soweit so logisch.
Also werden **mehrere hundert Faktoren betrachtet**, um diese "Qualität" zu berechnen. Das hängt dann davon ab, ob Dein Kunde z.B. regelmäßig Deine Beiträge liked oder weiterempfiehlt. Oder ob Du ähnliche Sachen postest, wie ein Kollege, der damit schon Erfolg hat.
Oder ob Deine "Anhänger" in gefragten Gruppen unterwegs sind.

Auch der Inhalt und die Aktualität spielen eine Rolle.
Wenn Du nur Sachen weitergibst, die eh schon im Netz und auf Facebook tausendfach unterwegs sind, dann fliegt Dein Beitrag halt raus - er bringt ja keine neuen Erkenntnisse in

die Welt. Auch hier gilt wie überall in den Sozialen Medien: **Es zählen Qualität und Originalität!**

Deshalb mein Rat: **Schreibe über Dich!**

Über Deine Firma! Über die großen Erfolge und kleinen Missgeschicke bei Kunden. Das ist dann nämlich automatisch "originell", **weil es nur bei Dir zu finden ist.**
Manchmal ist es sinnvoll und nicht zu vermeiden, einen Kommentar oder ein Like für eine schon tausendfach geteilte Seite zu geben - einfach um Flagge zu zeigen und auch zu zeigen, wo Du stehst, und welche Werte Du hast. Dagegen ist nichts einzuwenden.

Aber das darf nur die Ausnahme sein!
Bring Mehrwert - Neuigkeiten - Informationen - Tipps und Tricks und Deine eigenen Erfahrungen ins Spiel. Dann wirst Du auch gelesen. Und dann klappt das auch mit der "**organischen Reichweite**".

Und wie läuft das mit der bezahlten Werbung?

Ein Vorwurf, der Facebook immer mal wieder gemacht wird ist der, dass die "natürliche" also organische Reichweite der "nicht privaten" Posts absichtlich verringert wird.
Und zwar nicht (nur), um die Kunden vor zu viel Werbemüll zu schützen. Sondern ganz klar, damit der Anreiz größer wird, **auch mal auf bezahlte Werbekampagnen auszuweichen.**
Das könnte stimmen - wäre auch im Geschäftsinteresse von Facebook. Beweisen kann man das allerdings schlecht.

Wie dem auch sei, **Werbung auf Facebook ist eine feine Sache**. Sag' ich jetzt mal so salopp, wenn ich einfach die Abwicklung und die Funktionalität im Blick habe.
Es gibt selbstverständlich auch Kritiker, die sich mit Reichweite, Return on Invest, Conversion rate usw. ganz gut auskennen. Und die sehen das etwas anders und differenzierter.

Deshalb hier nur ein kurzer Abriss, wie es funktioniert und dann den beherzten Tipp: **Probieren geht über Studieren.**
Im Anhang verweise ich auf ein paar Firmen, die mit dieser Facebook-Werbung seit Jahren **den größten Teil ihres Umsatzes generieren…** so ganz verkehrt scheint das dann auch nicht zu sein.

Als es um die Anmeldung zu Deinem privaten Profil ging, und um die Angaben, die Facebook da gerne von Dir hätte, haben wir das Prinzip ja schon beschrieben.
Stell Dir vor, Du planst eine Veranstaltung, oder hast gerade ein wahnsinns Kundenprojekt perfekt abgeschlossen. Du hast Fotos und eine Botschaft, **die möglichst viele von Deinen "Fans" sehen und beachten sollen**.
Was kannst Du tun?

Ein Fotoalbum und einen beschreibenden Text auf Deine Seite stellen. Was passiert: Ungefähr 10% - 15% Deiner Fans werden das auch zu Gesicht bekommen.
Facebook filtert ja aus und sorgt dafür, dass die Timeline der Nutzer nicht überläuft.
Es vergehen vielleicht auch ein paar Stunden, bis Dein Zielkunde mal wieder auf Facebook vorbeischaut. Dann sind zwischenzeitlich so viele Sachen auf seiner Timeline

aufgetaucht, dass Deine schöne Bilder und der interessante Text irgendwo im Nirwana verschwunden sind.

Der Ausweg: Du klickst den Button "**Hervorheben**", und machst dann genau das: Dein Posting unter den tausenden anderen **hervorheben**. Du legst eine "**Werbekampagne**" an und folgst der ziemlich einfachen Anleitung.

Und genau jetzt stehst Du auf der anderen Seite der Datenkrake!

Du klickst Dir Deine Wunsch-Empfänger-Liste zusammen: Weiblich, zwischen 20 und 60 Jahre alt, wohnt im Umkreis von 20 Kilometern, interessiert sich für Reisen… usw.
Dann kannst Du noch ein **Werbe-Budget** festlegen, einstellen an wievielen Tagen das Ganze stattfinden soll, und dann geht's auch schon los! Das Ergebnis: Nach ein paar Tagen kannst Du davon ausgehen, dass, je nach Budget und Zielgruppe, hunderte bis tausende Menschen Deine Fotos gesehen und Deine Botschaft kapiert haben.
Zumindest theoretisch!
Richtigerweise schreibt nämlich Facebook: **Dieser Beitrag wurde 7.915 Mitgliedern angezeigt**.

Angezeigt!

Ob diejenigen Menschen das auch angeschaut, gelesen und aufgenommen haben, das kann man leider nicht messen.
Was man sehr wohl messen kann, ist aber die Reaktion der angesprochenen Leute: Wie oft wurde ein "Gefällt mir" gedrückt? Wie oft wurde der Beitrag sogar geteilt, d.h. den jeweiligen Freunden weitergeschickt?

Ein Teil dieser Leute kommt dann auch auf Deine Facebook-Seite und macht sich über Dein Unternehmen schlau... **ein Teil dieses Teils** findet das dann so interessant, dass der "Gefällt mir"-Button auf Deiner Seite geklickt wird - Hurra, Du hast wieder einen neuen Fan gewonnen....
Und **ein Teil des Teils dieses Teils** wird den "**Call-To-Action**"-Knopf drücken und damit auf Deine Homepage kommen. Und dann zu einem **langjährigen, lukrativen Kunden** werden.... Vielleicht **drei aus 7.915**... Ist das dann ein Erfolg?

Ich denke **"Ja", das ist ein Erfolg**, denn die ganze Aktion hat Dich etwas Kreativität beim Posten und sage und schreibe z.B. 12,00 Euro für die Werbekampagne gekostet!
Zwölf Euro für drei neue Kontakte!
So kleine Aufträge kannst Du gar nicht erledigen, dass das nicht hundertfach wieder dabei rauskommt.

Und von was hängt das direkt ab?
Entweder interessantes, gut gemachtes, informatives und kreatives Posting - oder halt die mehrfache Menge an Budget. Dann gibst Du halt 60 Euro aus und das Spiel heißt: "drei aus 20.000". Zielführender und intelligenter ist aber allemal über eine lange Zeit Wert auf gute Inhalte und eine sympathische Ausstrahlung zu legen.
Die Kontakte, die auf "natürliche" Weiterempfehlung und Wertschätzung beruhen, sind auch auf Facebook viel wertvoller, als die "gekauften", anonymen Interessenten.
Auf der anderen Seite: Jede Anfrage ist eine neue Chance, Dich zu beweisen!

Und wenn Dich von den 20.000 Menschen die Hälfte gar nie "kennengelernt" hätte, dann hilft wie im echten Leben hier auch die bezahlte "Kontaktanzeige".

Vielleicht verspürst Du jetzt Lust und Drang, ein paar Euro in diese Form der Facebook-Werbung zu stecken. Dann informiere Dich bitte nochmal auf der entsprechenden Facebook-Info-Seite - die Bedingungen und die Möglichkeiten ändern sich hier nämlich auch regelmäßig.

Wie kann man mehr Aufmerksamkeit erzielen?
Hier könnte ich jetzt etwas ketzerisch auch fragen: "**Welches Sau wird denn aktuell durch's Facebook-Dorf getrieben?**"
Es ist nämlich so, dass sich das Nutzerverhalten, die Erwartungen und die Richtlinien von Facebook schneller ändern, als wir das im traditionellen Handwerk so gewohnt sind.
Sobald man weiß, wie der Hase läuft, wird aus dem Hasen ein Känguru und zwar ein springlebendiges.
Vor einiger Zeit war ein gutes, **ansprechendes Bild** schon Anlass für Bewunderung und Klicks. Danach musste es schon **eine Bilderreihe**, also ein Album sein, um wahrgenommen zu werden.
Seit ein paar Monaten hört man überall die Empfehlung: "**Video ist der Bringer**". Sobald die Bilder sich bewegen, sind die Leute gefesselt.
Früher war die Produktion eines scharfen Videos mit einigermaßen gutem Ton ein richtiges Projekt.
Und heute: Ein Studio aufzubauen dauert exakt so lange, wie das Handy aus der Tasche zu ziehen und die Foto-App auf VIDEO umzustellen… also ungefähr 10 Sekunden.

Und das Ergebnis: **Super Ton und perfektes Bild - in HD**!
Was Wunder, dass Facebook so langsam von Videos geflutet wird!
Von gescheiterten Einparkversuchen, umfallenden Kindern, atemberaubenden Sport-Abenteuern, tanzenden Omas und eigentlich allem was sich irgendwie bewegt.
Ein umfallender Sack mit Reis in China würde da in Zeitlupe oder Zeitraffer gezeigt - Hauptsache es bringt die Leute zum Hinschauen.

Und es wirkt.
Früher war das Bild einer zufriedenen Kundin schon genug - heute strahlt die Frau im Video über das ganze Gesicht und streichelt verliebt über ihre neuen Möbel - und der Handwerker überreicht formvollendet ein kleines Geschenk mit Pflegeöl…
Das bleibt noch besser hängen und weckt Emotionen.

Weshalb dann am Anfang der Seitenhieb mit der durchs Dorf gejagten Sau?
Du musst **nicht jede Mode mitmachen** und jedem Zeitgeist gerecht werden. Das strengt nämlich auch ganz schön an.
Also keine Videoausrüstung anschaffen und in ein paar Monaten merken, dass man mit Filmen keinen mehr hinter dem Ofen hervor bekommt. Weil wieder etwas Neues der aktuelle, todsichere Tipp auf Facebook ist.
Wenn Du aber demnächst ein Bauelement mit einem Riesen-Autokran über zwei Häuser hinweg punktgenau beim Kunden auf die Terrasse schweben lässt: Nicht dumm rumstehen sondern raus mit der Handy-Kamera! So was will die Netzgemeinde sehen!

Dann noch ein knackiger Text über Handwerker, die wirklich alles möglich machen. Fertig ist ein weiterer Baustein Deines Marketing-Erfolgs.
Wenn Du jetzt noch mit einem Video-Schnitt-Programm umgehen und heldenhafte, rechtlich unbedenkliche **Musik** darunter legen kannst.... **Expertenstatus und Aufmerksamkeit** garantiert!

Zusammenfassung:
Was ist also Facebook als "Social-Media"-Kanal für Dich?
Auf jeden Fall einen Versuch wert!

Trotz aller Nachteile sprechen für ein Engagement auf diesem Kanal einfach **die supergute Abdeckung**, und das besonders bei Deiner Zielgruppe.
Die Meldungen, dass sich **die ganz jungen User** von Facebook abwenden, weil sie da nicht ihren Eltern begegnen wollen, heißt für uns: **Die interessantere Altersgruppe der erwachsenen Jungen und junggebliebenen Erwachsenen ist noch da!**
Und diese, für uns viel interessantere Gruppe, wächst nach wie vor deutlich an.

Informiere Dich also über die genauen Abläufe.
Verfolge vorbildliche Kollegen bei Ihrem Treiben - ich werde Dir im Anhang ein paar Tipps dazu geben.
Und versuche nach einiger Zeit einzuschätzen, ob sich der Aufwand in Hinblick auf die Erfolge lohnt.
Dabei solltest Du aber beachten, dass gerade in den sozialen Medien teilweise **ein sehr langer Atem gefordert ist.**

Wundere Dich nicht, wenn sich zu Anfang nicht spürbar etwas tut - oft kommen nach Monaten und Jahre Menschen

als Kunden auf Dich zu, die seit Jahren ganz interessiert Deine Beiträge lesen und sich so ein Bild über Dich gemacht haben.
Wenn Du in den nächsten 10 Jahren drei gute Auszubildende über diese "Imagewerbung" bekommst - hat sich dann der Aufwand gelohnt?
Ich denke, dieses Thema wird in den nächsten Jahren noch so wichtig, dass Du Dir schon heute eine gute Position im **"Kampf" um Facharbeiter und Nachwuchs** erarbeiten solltest.

Ein weiterer Vorteil einer gepflegten und interessanten Facebook-Seite: **Bei einem Neukontakt** im "echten" Leben, auf einer Party, einer Fortbildung oder bei einem ersten Kundenkontakt **kannst Du jetzt auf Deine Seite verweisen**!
Du musst nicht ewig von tollen Projekten und zufriedenen Kunden erzählen - **das macht jetzt die Timeline auf Deiner Firmen-Seite für Dich!**

9. Weitere Kanäle

Netzwerke für Profis: LinkedIn und XING

So, bevor ich zum Schluss unserer "**Social-Media-Rundreise**" komme, will ich noch auf ein paar weitere Kanäle aufmerksam machen.
Wir haben uns bisher im Wesentlichen um die Außendarstellung der Firma **gegenüber Interessenten und Kunden** gekümmert. Das heißt bei den Profis **"B2C", also Business to Customer** = Kunde.
Als erfolgreicher Unternehmer ist es für Dich natürlich auch wichtig, Dich über Entwicklungen, Strömungen, Technik etc. auf dem neuesten Stand zu halten. Das geht z.B. über eine spezielle Facebook-Gruppe zum Thema.
Wenn der Austausch auf einer sehr professionellen und eher förmlichen Ebene ablaufen soll, bietet sich hier jedoch ein sogenanntes Business-Network eher an.
Ein Austausch, der vor allem auf eine Geschäftsbeziehung zu anderen Unternehmen zielt, nennt man übrigens **"B2B", also Business to Business.**

Aus dem angelsächsischen Bereich gibt es hier z.B. **LINKEDIN** zu nennen. Ein weltweit gespanntes Netzwerk, was Unternehmer, Freelancer und Einzelkämpfer auf allen denkbaren Karrierestufen miteinander verbindet. Der Vorteil liegt hier an der großen Zahl an Mitgliedern und an der internationalen Ausrichtung.
Wenn Du einen Abteilungsleiter einer Handelskette in Australien oder einen Marketingleiter aus den USA kontaktieren willst: Dann passt LinkedIn ziemlich gut.

Wesentlich interessanter jedoch für uns ist das **deutschsprachige und auch in Deutschland entwickelte** Netzwerk namens **XING**!

XING verbindet Unternehmer, Mitarbeiter und Führungskräfte, vor allem im deutschsprachigen Raum.
Hier ist man "**per Sie**" und es geht nicht um private Meinungen, nicht um Urlaubsbilder und man bekommt hier auch keine Unterhaltung geboten.

Der wesentliche Vorteil ist, **dass Du mithilfe eines "Portfolios" Deinen Lebenslauf, Deine Erfahrungen und vor allem Deine Kenntnisse und Fertigkeiten sehr genau darstellen kannst**. Du hast genügend Raum, um genau zu beschreiben, was Du bieten kannst, aber auch, was Du eventuell suchst.
Das sind dann im Wesentlichen **neue Kontakte**, aber auch ganz konkrete, **neue Mitarbeiter**. Oder auch eine neue Arbeitsstelle. Je nachdem, wo Du gerade stehst und wo Du hin willst.

Es bilden sich auch hier **sehr rege Gruppen** zu verschiedenen Themen, Berufen und Berufsgruppen. Du kannst Dich, wie bei Facebook, in diese Gruppen eintragen oder aufnehmen lassen **und Dich langsam einbringen**. Hier kannst Du anderen Leuten mit Informationen und Tipps weiterhelfen. Aber auch genauso gut bei Problemen auch Menschen finden, die Dich unterstützen oder entscheidende Kontakte vermitteln können.

Ein großer Vorteil liegt auch darin, sich mit Entscheidern oder generell mit Menschen zu verbinden, die einem im Laufe des Berufslebens "**über den Weg laufen**".

Im echten Leben tauscht man im Zusammenhang mit einem Projekt sehr oft mit solchen Kunden, Architekten, Auftraggebern und Mit-Handwerkern **irgendwann die Visitenkarten**. Und dann verliert man sich aus den Augen.

Sobald man sich **über Xing vernetzt,** kann man durch regelmäßige Beiträge, Veranstaltungshinweise oder ähnliche "Lebenszeichen" einfach bei wichtigen Kontakten **in Erinnerung bleiben**. Oft ist es so, dass auch Jahre später dieser unverbindliche Zusammenhalt zu Anfragen oder sogar konkreten Aufträgen führt. Einfach deshalb, weil im entscheidenden Moment Deine Firma und Dein Name noch auf dem Schirm war. Und nicht per Visitenkarte in einer ohnehin überfüllten Visitenkarten-Sammlung unwiederbringlich verschwunden war

.

Ich kann auf die Welt von XING und LinkedIn in diesem Rahmen nicht genauer eingehen. Was ich auf jeden Fall empfehlen kann: Schau Dir die Sache mal an! Eine Anmeldung kostet nichts, außer etwas Überwindung, und für den Anfang genügt auch eine kostenlose Mitgliedschaft voll und ganz.

Sieh Dir an, **welche Personen Du hier erreichen kannst**; suche nach Menschen die Du kennst und schnuppere in verschiedene Gruppen rein. Du bekommst dann schnell ein Gefühl dafür, wieviel Aufwand das bedeutet und ob sich das lohnen könnte.
Für die Suche nach qualifizierten Mitarbeitern und wenn Du viel im B2B-Bereich unterwegs bist, ist das auf jeden Fall eine wichtige Ergänzung der anderen Sozial-Media-Kanäle

Twitter - kurz und knackig

Twitter, twittern, Tweet….

Beim "Kurznachrichtendienst" Twitter muss ich immer an die Redewendung "Die Spatzen pfeifen es von den Dächern.." denken. Twittern bedeutet nämlich nichts anderes als "zwitschern". Der Reiz an diesem Informationsnetzwerk besteht gerade darin, nicht lange Abhandlungen und Artikel zu verbreiten, sondern sich kurze Informationsschnipsel hin- und her zu werfen.

Die Länge einer Nachricht **ist auf "nur" 140 Zeichen begrenzt**. Zusätzlich können auch Links, Bilder und sogar Videos mitgeschickt werden.
Das Prinzip von Twitter beruht darauf, dass Du möglichst **zeitnah und aktuell** eine Statusmeldung, Deine Ansicht zu einer aktuellen Sache oder einen Link-Tipp zu weiterführenden Informationen "twitterst". Dieser "Tweet" erscheint dann erstmal nur auf Deiner eigenen Timeline, also in Deinem Profil.
Sinnvoll wird das Ganze durch die Möglichkeit, anderen Personen "**zu folgen**". Du bekommst dann auch alle Meldungen dieser Personen auf Deiner Timeline angezeigt.

Alle Nutzer, die Dir folgen, bekommen wiederum Deine Posts angezeigt und werden so zu Deinen "Followern". Wenn Dir eine Meldung, die Du erhältst besonders gut gefällt, kannst Du diese mit einem Klick "retweeten", d.h. wiederum an Deine Follower weitergeben.

Dieses einfache System erlaubt **die lawinenartige, virale Verbreitung von Neuigkeiten** an eine unheimlich große

Zahl von Lesern. Bei Flugzeugabstürzen oder Erdbeben kann man regelmäßig beobachten, dass sich die Nachricht per Twitter schneller flächendeckend verbreitet, als es die aktuellsten Sondersendungen und Newsticker je schaffen.

Für Dich bietet Twitter die Möglichkeit, Personen zu folgen, die in Deinem Geschäftsbereich wichtig sind. Du bist so z.B. bei Messen oder wichtigen Branchenereignissen quasi live zugeschaltet. Durch gehaltvolle und passende eigene Tweets oder sinnvolle Weitergabe von erhaltenen Nachrichten, kannst **Du einen guten Ruf in genau Deiner Zielgruppe** bzw. Fachgruppe erreichen.

Vielleicht folgen Dir dann auch Personen und Persönlichkeiten, die irgendwann mal für Dich wichtig werden könnten, und die Dich auf diese Weise als Experten schon kennen gelernt haben.
Da ich auch hier nicht auf Details eingehen kann und will, eine kurze Zusammenfassung:

- Twitter ist ein **nicht zu unterschätzendes Marketing-Tool** und führt zu einer gewissen Bekanntheit und Sichtbarkeit.

- Mit mehr als 500 Millionen Tweets am Tag und mehr als 275 Millionen aktiven Nutzern im Monat **ist die Reichweite erheblich**

- Die beste Strategie ist auch auf diesem "Kanal": Erstmal anmelden und **in Ruhe verfolgen was abgeht**. Dann nach und nach ein System von Followern und gefolgten Seiten aufbauen

- **Synergie nutzen**, regelmäßig auf Deine anderen Aktivitäten hinweisen, zu Deiner Facebook-Seite verlinken oder auf eine Veranstaltung hinweisen

- Und wenn Dir der Aufwand im Verhältnis zu den offensichtliche Vorteilen dann doch zu groß erscheint: **Manchmal ist weniger tatsächlich mehr** und man kann nicht auf allen Hochzeiten mitmischen!

10. Schlusswort

So, das soll es jetzt gewesen sein zum Thema Internet und mit meinem Überblick über die Sozialen Medien.

Diese Rundreise ist naturgemäß nicht annähernd vollständig und viele Sachverhalte und Möglichkeiten sind nicht einmal angesprochen worden.

Es würde den Rahmen sprengen, jetzt noch über Podcasts, YouTube-Kanäle, Webinar-Serien oder viele weitere Dinge zu schreiben.

Ziel und Anspruch war es lediglich, das Thema "Social Media" **ganz speziell aus Handwerkersicht zu beleuchten** und die wichtigsten Möglichkeiten aufzuzeigen.

Ich hoffe und wünsche mir, dass

- Du ein paar **neue Sachverhalte** erfahren konntest
- Du für Deine Firma **etwas von den Einsichten und Tipps umsetzen kannst**
- Du **an diesem Thema dranbleibst** und Dich weiter informierst
- Du aus der aufgezeigten Perspektive in Zukunft **besser und wissender mitreden kannst**

- Du Presseartikel und Nachrichtenmeldungen **besser bewerten und für Dich einordnen** kannst

- Ich Dich zumindest beim Lesen unterhalten und **vom manchmal doch recht anstrengenden Tagesgeschäft ablenken konnte.**

Wenn Dir das Buch gefallen hat, würde ich mich über eine positive Bewertung und eine persönliche Rückmeldung freuen! Letzteres natürlich auch gerne, wenn es etwas zu kritisieren oder offensichtlich zu verbessern gibt.

Für mich war es eine sehr schöne und bereichernde Sache, meine persönlichen Erfahrungen und mein erworbenes Wissen einmal zusammenzutragen und in eine hoffentlich leicht lesbare Form zu bringen.
Ich bedanke mich für das Interesse und bei allen, die es bis hierher geschafft haben, für das große Durchhaltevermögen!

Elchesheim-Illingen, im Mai 2015

11. Anhang, Tipps und Adressen

Wie versprochen habe ich hier ein paar **Link-Tipps und interessanten Adressen** zusammengestellt. Die Angaben sind ohne Gewähr. Für die Richtigkeit der Links und die Inhalte auf den empfohlenen Seiten wird keinerlei Haftung übernommen.

zu Teil 8.1, Pressearbeit:
http://www.pressearbeit.de, Leonie und Markus Walter kennen sich extrem gut mit Pressearbeit aus. Sehr nett und professionell.
http://www.textschuster.de/, Birgitta Reitschuster, Profi im Bereich Texten und Internet-Auftritt allgemein.

zu Teil 8.2, Newsletter-Marketing:
http://www.cleverreach.de/, Newsletter-Tool
http://mailchimp.com/, Newsletter-Tool, leistungsstark, nur auf Englisch

zu Teil 8.3, Eigene Homepage:
http://wpde.org/ = Homepage-Baukasten-System
http://goo.gl/Zg4PNF = Homepage-Baukasten-System
http://de.jimdo.com/ = Homepage-Baukasten-System
http://www.e-recht24.de/impressum-generator.html = kostenloser Impressum-Generator

zu Teil 8.4, Dein Blog:
beispielhafte Handwerker-Blogs:
http://blog.fleischerei-freese.de/ : der Handwerker, der bereits seit 2007 blogt!
http://www.fliesenfieber.de/blog/ : der bloggende Fliesenleger - mit dem passenden Namen
http://apprico.de/aktuelles/ : Eine Malermeisterin die unter "Aktuelles" nicht nur über Business-Feng-Shui blogt.

zu Teil 8.5, Facebook-Seiten:
beispielhafte Facebook-Seiten von Handwerkern:
https://www.facebook.com/RettelRaumAtelier?pnref=lhc
https://www.facebook.com/helmut.six?fref=ts
https://www.facebook.com/wetzl.schreinerei
nichts für Vegetarier:
https://www.facebook.com/umdiewurst?fref=nf

beispielhafte Facebook-Seiten von Verbänden und Organisationen:
https://www.facebook.com/schreiner.de?fref=ts = die Bayern halt…
https://www.facebook.com/HWKKarlsruhe?fref=ts = Handwerkskammer Karlsruhe ist auch auf Facebook vorbildlich

beispielhafte Facebook-Gruppen:
https://www.facebook.com/groups/554905804635907/?fref=ts = FB-Gruppe, die sich speziell mit Badgestaltung beschäftigt

42980836R00124

Made in the USA
Charleston, SC
10 June 2015